ピアノを語る

ダニエル・バレンボイム
クラウディオ・アラウ
アルフレート・ブレンデル
マウリツィオ・ポリーニ
スヴャトスラフ・リヒテル

ユルゲン・マイヤー＝ヨステン編著
井本晌二訳

Übersetzung aus dem deutschen Original ins Japanische
mit Genehmigung des Musikverlages C. F. Peters Frankfurt.

Originaltitel:

Daniel Barenboim Maurizio Pollini	Copyright by Henry Litolff's Verlag
Claudio Arrau	Copyright by Henry Litolff's Verlag
Svjatoslav Richter	Copyright by Henry Litolff's Verlag
Alfred Brendel	Copyright by Henry Litolff's Verlag

ピアノを語る　目次

まえがき

クラウディオ・アラウ

「ピアノとその巨匠達」――ドイツの有名な音楽評論家オスカー・ビーにはそういう題の詳細な著作がありますが――はこれまでにも何度も熱心な議論の対象になって来ました。ピアノというものの存在とその使命については評価はある程度一致していました。ピアノが音楽史の中に占める意義についてもまず異論はなかったと言えるでしょう。しかしそれでもそういう事実を過少評価するとか、音楽的には単なるディレッタントにすぎないようなピアニスト達の演奏のまずさをピアノという楽器そのもののせいにするとか、音楽愛好家達の関心の中心から何とかピアノを排除しようとか、そういう試みもいつの時代にもあったのです。しかしそういう試みが挫折せざるを得なかったのは、ピアノのためだけに作られた曲、それにピアノの助けを借りて初めて演奏できる室内楽曲、リート等が他とは比べものにならない程の数になるという理由だけでも充分説明できるでしょう。

ピアノが音楽表現の中心的な手段としての地位をチェンバロから奪って以来、それはますます多くの作曲家達が好んで選ぶ楽器になりました。自分のインスピレーションの中でも最高に自分だけのもの、これこそと思うようなものを楽器を通して伝えようとする時に、彼等はピアノに信頼を寄せたのです。ピアノが十九世紀、二十世紀の音楽の中心的な楽器になったのも、音域の点からも響きの変化という点からもそれが非常な巾を持っているということからの当然の結果なのです。この楽器が人々に充分知られているにもかかわらず、それでもなおあらゆる楽器の中で最も秘密に満ちたものであり得るのも、その演奏方法が極めて多面性を持っているためです。

ピアノほど音楽家に自己を表現させる可能性を与え、作曲家が創造したものを忠実に再現してくれる楽器は他にありません。だからこそピアノ奏者の中に初めて偉大なるヴィルトゥオーゾという名の強烈な音楽的個性を持った人達が生まれたのです。

その発生から現在に至るまで音楽の発展に強力に関与し続けて来たのはピアノだけです。つまりそれは常に時代時代の精神的潮流、様々な様式、表現内容、音の表現に関係して来たのです。

私はここでピアニストとしての才能を生かしてこういうテーマに深い関心を持っておられるユルゲン・マイヤー＝ヨステン氏が私の仲間達との対話の中からピアノ演奏という日々の出来事だけでなく、伝統と解釈という問題にまで踏み込んで行こうとされていることを非常に嬉しく思います。願わくは本物の尺度と音楽的な価値に根ざした基準によって、様々な誤まった考え方を改めようという氏の努力が更に実を結んで多くの誤解を解き、ピアノ音楽の将来がより一層確かなものとなることを希望します。

序論

ユルゲン・マイヤー＝ヨステン

エドウィン・フィッシャー

「きっとあなたもこの夏経験なさったでしょう。家族のことも、その他の関心事も、更には極めて現代的な思索も、何一つとして無しで済ませてよいものはないのです。何かを寄せ合わせることが必要なのです。この上ない厳格さと正確さで彫琢された古典のレパートリーがそれです。私は皆が忘れているからこそそれを何度もやるのです。」

ヴァルター・ギーゼキング

「決定的なことは、耳によるコントロールです。あなたも必ずしも充分にはお持ちでないでしょう。あなたがもし不ぞろいな演奏をしたり、いくつかの音が脱落していたりするようなことがあったら、それはあなたが充分に聴いていないからなのです。そういうことを気づかせてくれる先生は良い先生です。機械的な指の練習はかなりな程度まで時間の浪費だと思っています。打鍵さえも耳によって洗練されるものなのです。なぜなら腕の緊張が解けていれば、腕の筋肉も手の筋肉も耳が希望することに反応するからです。耳こそが美しいものと美しくないもの、均等なものとそうでないものを本当に区別することができ、あらゆる誤り、不充分な所をすぐに識別するのです。修正をほどこすにはそういう認識が必要です。

やり方を余り度々変えるのは害があると思います。そもそも私の考えでは、やり方というものはたった一つしかないのです。つまりできるだけ楽に、不必要な筋肉の緊張に妨げられることなく演奏することです。」

これは偉大なピアニスト達がまだ新人のピアニストに宛てた手紙の中からの未公開の部分で、ウラジーミル・ホルボフスキー氏の御好意によるものです。氏はこの数十年間我が国でプロとしてのピアニストの高度な水準を広めるべく尽力して来られた方です。

このフィッシャーとギーゼキングの助言は今日なお生きています。それは本書のシリーズの意図とも関連して来るのです。つまり本シリーズは著名な演奏家達の信頼するに足る知識、意見を広く伝え、彼等の楽器とのかかわり合い、重要なピアノ音楽の演奏例、伝統との関係、先輩達の影響等についての興味深い事例を記しておこうとするものなのです。

私はこれこそ重要で、核心に触れる問題である、とみずから思える問を発するべく努力しました。その結果実に様々な特徴を持った、個性豊かな人達から得られた答は私を啓発してくれる所極めて大きなものがありました。そのため同じテーマが発言の中に何度も出て来ることもあります。例えばあるピアノ演奏上の技術に関することとか演奏会の日の過ごし方について等です。それぞれ自分を語っていただいている部分（これは間違いのない対話録によるものであり、書き換えは全くありません）の前にそのピアニストについての略歴を書いておきました。それに続くお話の部分を補い、その背景をよりよく理解していただくためです。

こういう形で読者の皆さんに橋渡しをすることによって——様々な理由から時には断片のままに終ってしまわねばならないこともありましたが——プロのピアノ演奏というものの高度の、いや最高度の価値基準とは何か、それに対応する芸術的伝統の変わらざる評価基準は何かということをより一層知っていただくための一助ともなれば幸いです。

ダニエル・バレンボイム

ダニエル・バレンボイム小伝

ダニエル・バレンホイムは一九四二年十一月十五日ブエノス・アイレスに生まれた。ロシア系移民の家系である。父エンリク・バレンボイムは有名なピアノ教師。イスラエルのアルトゥール・ルービンシュタイン・ピアノコンクールが、そのレパートリーに関して極めて理想が高いのも彼の影響である。ダニエルは五才の時に、やはり音楽家である母から初めてピアノの指導を受けた。その後、父自身が息子の教育を引き継ぐことになる。七才の時に「ベートーヴェンのソナタによるコンサート」でデビュー。しかし彼は早い時期に成功を収めた割には、例えばクラウディオ・アラウの場合には重荷になってしまったあの神童と呼ばれる程の存在にはならなかった。

一九五二年バレンボイム一家はイスラエルに移住、そこで市民権を得た。同じ年ダニエルは招聘されてザルツブルク・モーツァルテウムで引き続き研鑽を積み、間もなくバッハのニ短調コンチェルトで大いに注目される所となった。師事したのはエドウィン・フィッシャー（ピアノ）、エンリコ・マイナルディ（室内楽）、イーゴル・マルケヴィッチ（指揮）であった。ヴィルヘルム・フルトヴェングラーとの出会いもこのザルツブルク時代である。一九五三年ダニエル・バレンボイムはアメリカ・イスラエル文化基金によるピアノコンクールで一等賞を得、イスラエル及びヨーロッパで多くのコンサートを催した。一九五四年からは二年間ほどパリのナディア・ブーランジェーの下で作曲法を学んだ。彼の確信する所によれば「演奏過程というものは創造過程の逆を進むものである。演奏者はこの道をその両面から知っておくべきである。」

一九五六年バレンボイムはナポリのアルフレッド・カサラ・コンクールでも勝利を得、国際的ピアニストとしての活動の場はますます広がった。彼は一九六二年にまずイスラエルで指揮者がソリストを兼ねるという音楽史的に見て古い伝統を現代に甦らせる試みを始めた。かねてそういう主張を持っていた師エドウィン・フィッシャーの助言を実現させたものであった。これ以降、指揮するということが彼の中に占める位置は段々と広がっていった。特に一九六四年にイギリス室内管弦楽団との定期的な共演が始まり、翌年その首席指揮者に選ばれてからは一層の広がりを見せた。

一九六七年ダニエル・バレンボイムはロンドンの新しいクイーン・エリザベス・ホールでベートーヴェン連続演奏会を開催した。八日間でソナタ全三十二曲を演奏したのである。この演奏によって彼は同世代の中でも傑出したベートーヴェン弾きという名声を得た。二十才の時に既に、「ピアニストのための新約聖書」（ビューローのベートーヴェンのソナタ評）とのかかわりをレコードに残していた彼であったが、この一九六七年に二回目のソナタ全曲録音を開始したのである。

彼は年毎にその仕事を拡大し、かつそれを集中度の高いものにして行った。ソリストとして、テレビ教室の講師として、リートの伴奏者（特にディートリヒ・フィッシャーディースカウとの共演）として、室内楽の一員（例えばジャクリーヌ・デュ・プレやピンカス・ズーカーマンとの共演）として、そして何よりも指揮者として。こうしてベルリン・フィルハーモニーやニューヨーク・フィルハーモニー等に客演指揮者として招かれる機会も段々多くなって行った。一九七四年にはパリ管弦楽団からゲオルク・ショルティの後任としてその首席指揮者に招かれた。

次の対話はミュンヘンでのあるピアノの夕べの際のものである。ダニエル・バレンボイムはシューベルトの四つの即興曲・作品一四二とベートーヴェンのハンマー・クラヴィーア・ソナタを演奏したのであるが、これはそのコンサート直前のインタヴューである。彼は私の質問に気楽に、かつ注意深く耳を傾け、卒直に答えてくれた。

ダニエル・バレンボイムは語る

私はコンサートの日だからと言って何か同じことをするということはありません。必ずこうするという決めたものはないのです。コンサート前にレコードの録音をしたり、オーケストラとプローベを持ったりすることも時にはあります。演奏旅行の時でも必ず少しは練習しますが、余りたくさんはやりません。その他特に変わったことはありません。疲れていれば眠りますし、おなかが空いていれば食べます。できるだけ自然に生活することが大切なのであって、今日はコンサートだから三時間寝なければならないとか、卵を一個食べなければならないとか自分に言い聞かせたりしない方が良いと思います。そんなことをしている人はもし卵を摂らなかったら、もうそれだけで神経質になってしまうでしょう。「あなたはコンサートの前に食事をしますか、それとも後にしていますか」と訊かれたら、私は「おなかがすいていれば、前にでも後にでも食事をします」と答えています。そんなことは大した問題ではないと思っています。精神面の問題は、大抵そういう心理的な圧迫感から来るのです。気持の上で余りにも準備しすぎているのです。例えば今日のこれからのコンサートがうまく行かなかったとして、その後でコンサートの前にあなたとあんな話をしたからうまく行かなかったのだと言ったら、馬鹿げていると思いませんか。もし今日のコンサートがうまく行ったら、これからも必ずコンサートの前に一時間程インタヴューの席を設けてくれるようにとエージェントに頼むでしょうか。それこそ馬鹿げたことです。こういうことは音楽というものをどのようなものだと考えているか、音楽というものをどのようなものにするのか、ということと関係があります。私は音楽というものは職業だとは思っていません。それは一つの「生き方」です。生きて行く内容です。夕方五時まで会社で働く人にとっては生活はその後に始まるのです。なぜなら会社は退屈なものですし、そうでなくても単に何かに従事しているというにすぎないのですから。私達にとっては逆です。私達は働いている時に、つまり音楽している時に人生を生きているのです。

私は音楽というものを自己の内面から出て来る或る全く自然なものと考えるべきだと思っています。例えて言えば、自分で自分を苦しめていることの中には、技術的な完璧さを期さねばならないという気持ちが多いものです。しかし今日はホロヴィッツより上手に演奏しなければならない、オクターヴもより速く、せめて同程度に、等と考えたりしたら神経がまいってしまうでしょう。同じようなことは次のような時にも起こります。ミュンヘンは大都会だから特に入念に練習し、かつ充分に休息を取っておかなければならない、逆に多分人々が音楽のことを余り理解していないような小都市では大した緊張感も精神集中もなく演奏してしまう人がいるのです。そういう人は再びミュンヘンやニューヨークに来たら、勿論改めて神経過敏になってしまうでしょう。一度は調子が良く、あとはだめということになります。しかしそんなことは大したことではありません。最終的には問題ではありません。確かに演奏の度に頭脳、心、指の三つが関与して来るわけですが、しかしそれがいつも均等であるというわけには行きません。音符通りに弾けなかったようなそういうたった一秒に全てがかかっているのではありません。神経質になってしまって、さあこれからむずかしいパッセージに入るぞ、と自分に言い聞かせたような時にこそ間違えることが多いものです。そんなことは考えないで、何よりも音楽のことを考えている人の方がずっと気が楽になり、したがってあまり間違いのない演奏をするものなのです。

もし必要だと思えば少しよけいに練習します。例えば充分寝られなかった時などです。しかしそんな必要もなく、練習もしてない時に良い演奏ができたということも何度かあります。ピアノがなくて指が少し硬くなっているような時には、アルトゥール・ルービンシュタインが昔私に教えてくれた次のような練習をすることがあります。

　ルービンシュタインは「良いコンディションを保つためにあなたはどうしてますか」と訊ねられて「そんな方法があったら売ってあげますよ」と答えたそうです。確かに私もそんなものはないと思います。私はスポーツはやりません。特別なことは何もしていません。しかし私は子供の頃から集中力はありました。どこにでもいる子供と同じように私も幼稚園や学校で友達と一緒に遊びましたが、ピアノの前に坐ると全てを忘れました。その時には私には音楽しかなかったのです。厳密に言えば私は練習そのものは嫌いです。実際それが必要だからやっているにすぎません。音楽を作ることは好きです。ですから十二時間でもピアノ演奏も指揮もできます。しかし練習は退屈なものです。面白いものではありません。私はコンサートの時にはよく好んで少し即興演奏をします。この箇所はこう弾く、あそこはこうする、フォルテは丁度ここまで等という風に全てのことを前もって正確に知っていることより、そういう即興の方が私には大切なのです。いやむしろ全てが前もって決められているようなものは音楽に反します。余りに練習しすぎる人は即興演奏ができないものです。その点ルービンシュタインは素晴らしいものでした。七十才をすぎた彼はショパンの同じ変イ長調のポロネーズでもコンサートの度に新しい演奏をしてい

るのです。

私は譜を読むだけで既に大いに仕事をしているのです。ハンマー・クラヴィーア・ソナタのフーガのような曲は各声部毎ではなく、全体として修得するようにしています。演奏上のむずかしさの一つに水平方向と垂直方向、つまり和声とメロディーを同時に考えなければならないという問題があります。緊張感はメロディー、ハーモニー、リズムの三つから出て来るものであって、個々の声部を別々に考えていたらそれ等の関連を明らかにすることは非常にむずかしくなります。

技術的にむずかしい箇所をアレンジしてよいかどうかという問題もはっきりさせておかなくてはなりません。ベートーヴェンの場合は許されないのです。例えばハンマー・クラヴィーア・ソナタの冒頭の和音を右手で弾くと緊張感が失なわれてしまいます。ここでは跳躍感が非常に大切なのです。

他の場合、例えばラフマニノフやチャイコフスキーの場合にはいくらか大胆になってよいでしょう。彼等の場合、技術的なものが前面に押し出されているからです。

音楽には客観性というものはありません。客観性って何なのでしょうか。もしフルトヴェングラーとトスカニーニが全く同じことをしていたら音楽は静止した、生命のないものになっていることでしょう。ルービンシュタインに関しても言いましたように音楽は演奏の度に新たに体験されるものであるということが非常に大切なのです。フルトヴェングラーが同じ交響曲を二度指揮したとしても決して全く同じものではなかったでしょう。ベートーヴェンでも自分の曲を全く変化なしに演奏することはなかっただろうと私は思います。これはテキストの問題ではありません。むしろ「法の精神」の問題と言えるでしょう。つまり書かれたものと全く同様に、その奥にある精神が大切なのです。

「ここはピアノ(p)だ」という時、それはどういう意味なのでしょうか。あなたにとってのピアノと私にとってのピアノとは違うものなのです。ハンマー・クラヴィーア・ソナタの同じ第五小節目のピアノでも今日と明日では感じ方も変って来るのです。弱く弾くということにも二千の方法があります。和声的な緊張感の大小、リズム的な緊張感の大小等々、そういうものは全て主観的なものです。客観性などというものは単なる骨格にすぎません。

それ故私はいつもできる限り原典を使うことにしています。手を加えた様々な版とはかかわっていません。しかし二十世紀の今日多くの人達はそういう版で充分であり、それこそ音楽生活を完璧に保証してくれるものだと思っています。今日バッハの作品で全く同じの、型にはまったような退屈な演奏を何としばしば聞かされることでしょう。これこそ様式に合致したものだ、バッハが二百年前に自分で聞いたものと全く同じだ等と言われているのです。これこそ最悪の思い上がりと言うものです。こう主張する人もいます。「私はシュミットでもなければミュラーでもない、ベートーヴェンを演奏しているのだ。」そしてしていることと言えばただできるだけ控え目な響きで演奏しているだけなのです。これもやはり一種の思い上がりです。最善の方法は常に作品を本当に理解しようと努力することです。そうしてこそ音楽を自分で感じ、それを実現することができるのです。私達の課題は、それ自体では死んでいる何かあるものに生命を与えることなのです。

ルバートで演奏すべきかどうか、テンポを保持するか変えるかに関しても大切なことは常にそういう変化を単なる気まぐれからしたのでないかどうかということです。もしあなたがそれは形式に役立つ、構造形成のためになると考えたのならそれで正しいのです。もしフルトヴェングラーがある交響曲の第二主題のテンポを遅くしたとしたら、それは楽曲全体から見た彼の正確で有機的な基本構想からなされたことなのです。もしあなたがテンポを変えずに彼と同じことを達成したとすれば、それはそれで立派なことなのです。悪いのは模倣です。例えばフルトヴェングラーのコピーになってしまうことです。そんなことをしてもうまくは行きません。所詮表面的なことしかコピーできないのですから。しかし古典派、ロマン派の音楽の場合、形式が実現されているということが構造ができているということであり、これが最も大切なことなのです。よく私があるソナタの主要主題をどのように弾いているかを知りたがる人がいます。そういう時には私はいつもこう訊き返しています。「あなたは呈示部での主題のことを言っているのですか、それとも再現部のですか。」それは決して同じものではないのです。ベートーヴェンの英雄の冒頭の主題は再現部で出て来た時とは違うものなのです。再現部では主題は「違った気分で」現われるのです。これが古典音楽とその形式の偉大な点です。それは冷たく、固定した、没個人的なものではありません。生きているのです。

私が本当の意味でピアノを習ったと言えるのは私の父だけです。彼はブエノス・アイレスで優れたイタリア人の教育者であったスカラムッツァの下で研鑽を積み、その後ヴィーン・アカデミーで教えていたのです。音楽全般にわたっても私は父から非常に多くのことを学びました。そういう恵まれた準備期間がなかったらエドウィン・フィッシャーからもフルトヴェングラーからもこんなにまで影響を受けることはできなかったでしょう。父は自分の考えを押しつけることはなく、むしろいつも非常に寛大な人でした。しょっ中フィッシャーやフルトヴェングラーを聞きに行かせました。勿論そこから学ぶものは大きなものがありました。パリでのコルトーの講習会にも二、三度参加しました。しかしそういうことはいつも私にとっては例えて言えばあなたが泳ぎを習っている時のようなものだったのです。つまりあなたは先生の手を離れて泳いでいる、そしてその際あなたはもし自分が危険な状態になったら助け出してくれる人がそこにいるということを知っているのです。私は自分の発展過程が非常に自由なものであったと思います。あちらに行ったりこちらに行ったりしました。あの人の演奏を聞いたりこの人の話を聞いたりしました。しかしいつも家に帰ると自分にこう問うてみたのです。「本当にあれで良いのだろうか。なぜああなのだろうか。なぜこうなっているのだろうか。」発展過程にある時には優れた基礎を持っていることが非常に大切なことです。若い人達の中には次から次へと先生を変える、今ケンプかと思うと次はアラウという風に十五人もの先生に師事するという人がたくさんいます。しかしそんな風にして音楽は学べるものではありません。師事しても優れた基礎を持っていなければ何等得る所はないのです。

私はフィッシャーとルービンシュタインから大きな影響を受けました。この偉大な演奏家は決して模倣できるものではありません。例えルービンシュタインがある時ある箇所を特に美しく演奏したからと言って私はそれを模倣したいとは思いません。多分彼もそんなことは望んでいないだろうと思います。

後期のベートーヴェンの作品、例えば作品一一一のような曲は非常に年を取って経験を積み円熟してから演奏すべきだと言う人がいます。しかしある曲の演奏というものはそれを演奏していなくても円熟するものなのでしょうか。そういう作品はあなたがいつもそれと共に生き、それで仕事を続けていてこそ円熟したものになるのです。私の考える所ではハンマー・クラヴィーア・ソナタや作品一一一のような曲に対する心構えはたった一つしかありません。つまりそういう曲を味わい尽くすには八十年の人生でもまだ足りないのです。しかし人はそういう曲を繰り返し聞いていく度により大きな刺戟を受け、より深く理解して行くようになります。そういうこと全てがその曲を円熟させて行く助けとなるのです。それから他のソナタやまた別の例えばバルトークのもの等を弾いたりして、その後もう一度後期のベートーヴェンの作品に取り組んでみると、突然何かが成長しているというようなことがあります。私達はいつもあらゆるものに向けて目を開いていなければなりません。

私はある曲を演奏しようとする時何よりもまずその音楽との直接のコンタクトを得ようと努力します。ある程度円熟して、その理解のし方が変わろうとも、その曲との最初の出会いの瞬間はやはり非常に大切なものです。私は初めてハンマー・クラヴィーア・ソナタの冒頭を弾き始めた

時のことを忘れることができません。
十一才か十二才の時でした。おそらく今の方がより円熟したより良い演奏ができるでしょう。しかし最初の試み、最初の印象こそいつまでも大事にすべき何物かを持っているのです。それは泉のようなものです。そこからいつも何か新しいもの、より深い理解、今までのものを越えるあらゆるものが湧き出て来るのです。それ故私は音楽とのこういう初めての関り合いを大切にしています。その曲に関連して知っておくべきことを学んで行くのはその次の話です。しかしこれが私達を誤まらせることもあるのです。例としてベートーヴェンの交響曲第二番ニ長調を挙げましょう。一貫して明るい音楽です。ただイントロダクションの所に少々暗い所があるだけです。全体としてベートーヴェンが書いた中でも最も重圧感のない曲の一つです。しかし彼はこの曲を作曲したのと全く同じ時に例の「ハイリゲンシュタットの遺書」を書いているのです。つまり伝記的な事柄を

知ることが何の助けにもならないことがあるのです。そういうものがその音楽に対応していると限らないのです。モーツァルトもその良い例です。

ピアノの素晴しい点はそれが非常に中立的な楽器であるということです。それは決してマイナスの意味ではありません。逆です。あなたがオーボエの音を聞いている時にはその響きはかけがえのないものです。ヴァイオリンの響きもその他の楽器もやはりそうです。しかしピアノだけは白い壁のようなものです。その上に自由に絵を画くことができるのです。オーボエの絵でもトランペットの絵でも、弦楽器の絵でもあるいは人間の声でも画くことができます。「ルービンシュタインはピアノで歌っている」と言われています。正にその通りです。他のどんな楽器でもできないほど彼はそうしているのです。彼でもピアノという汲めども尽きぬような楽器がなかったら、ここまではできなかったことでしょう。ですから例えばハンマー・クラヴィーア・ソナタはピアノでしか演奏できないものです。他のどの楽器でも不可能です。フェリックス・ヴァインガルトナーのようにこの作品をオーケストラ用に編曲してもオーケストラ的な響きにはなりません。この作品全体の構想がピアノから発しているからです。

私にはピアノを演奏することと指揮することの両方が自分の音楽にとって大きな助けとなっています。両方とも捨てる積りはありません。私がハンマー・クラヴィーア・ソナタを弾いて、その後で「英雄」の指揮をする時、一方が他方の役に立っているのです。何とかするだけならピアノを弾くということは非常に容易なことです。例え時に集中力を欠くことがあっても指にまかせておけば、指は自分で道をさがして進んで行くものです。勿論そういうことは音楽的に言って非常に悪いことですが。しかし指揮者としてはそういう状況になったら私は自分を取り戻して、自分自身を指揮することにしています。一方指揮者にとって自分で演奏できるということが極めて大切なことです。指揮者として、あるいは今日の新しいプリマドンナの一人としてどんなにもてはやされようと、知名度など何の役にも立ちません。指揮者ができる最高のことは演奏家達を鼓舞し、教え、発奮させ、彼等だけではできない何かを彼等の中から引き出してあげることです。それが指揮者の仕事の全てです。指揮者は何かを表現するためにいつも他人を必要としているのです。しかしその際非常に大切なことは音楽に対して自分独自の、直接の肉体的コンタクトを持つということです。音楽というものは非常に感覚的なものです。それは響きがどのように形成されているかをあなたがどう感じているかということに非常に関係があるのです。それは肉体的な制約を受けています。だからこそ指揮することとピアノを演奏することが互いに補い合うことができるのです。私は今その両方をほぼ同じ位やっています。そこから非常に多くのものを得ています。

マウリツィオ・ポリーニ

マウリツィオ・ポリーニ小伝

「ポリーニはもう既に我々のうちの誰よりも上手だ」アルトゥール・ルービンシュタインは一九六〇年にワルシャワで開かれた第六回国際ショパン・コンクールの際彼の審査員仲間にこう言ったと伝えられている。当時弱冠十八才のポリーニは三十ヶ国から集まった七十六人の競争相手の誰よりも少くとも良い演奏をしたのである。そして栄誉ある一等賞を得たのである。その三年前にジュネーヴで開かれた同じコンクールの時には一才年上のマルタ・アルゲリッチが一等賞を取り、彼は二位であった。

マウリツィオ・ポリーニは一九四二年一月五日、ミラノのある建築家の息子として生まれた。そのヴェルディ・コンゼルヴァトリウムで彼はまずカルロ・ロナティ、その後カルロ・ヴィドゥソの下で学んだ。

十一才の時に初めてミラノで公開の席で演奏し、十四才の時には既にショパンのエチュードは

全てマスターしていた。

一九六〇年にショパン・コンクールで勝利を得たにもかかわらず彼はその直後から教年間コンサート活動から全く身を引いてしまった。更に研鑽を積むためであったが、この間彼は自分のやりたかった哲学、美学、数学の勉強もしたのである。「私は音楽だけでなくあらゆるものを落ちついて考えてみたかったのです」とポリーニは当時をふり返って述懐している。「私の中味は大きな出世をする程にまだ成熟していなかったのです。」一九六一年に彼は更にアルトゥーロ・ベネデッティ・ミケランジェリの下でピアニストとしての教育を受け、アルトゥール・ルービンシュタインからも刺戟を受け、その知遇を得た。

六十年代の半ばにポリーニは新たにコンサート活動を開始した。その後の彼の人生は途切れることなき成功の連続である。彼はあっという間に世界的ランクから見ても極く少数の一流のピアニストに数えられるに至ったのである。しかしそれは彼にとっても聴衆にとっても容易にできたことではなかった。美的な要求が高いために、また社会主義的な色彩の強い社会組織との関わり合いのために彼は何度も「反動的な文化圏」の見解と衝突したのである。彼の政治的な信念はクラウディオ・アッバードやルイージ・ノーノのような親しい友人のそれと共通するものがある。ノーノのために例えば彼はそのソプラノ、ピアノ、オーケストラ、テープのための「力と光の波のように」の作曲に刺戟を与え、一九七二年にそれを成功に導いている。

ポリーニは過去の偉大なスタンダードな作品ばかりでなく、時にシェーンベルクやヴェーベルンの創作、シュトックハウゼンの作曲、それに例えばブーレーズのソナタ第二番のような曲と取り組んで来た。自分のレパートリーを引き続き拡げて行くことができるように彼は一シーズンのコンサートの回数を約五十回に減らしている。

インタヴューというものに対する彼独自のつつしみ深さ、抑制は芸術的なものに対する彼の非妥協性と相応するものである。彼はピアニスト仲間達の仕事に関しても語ることを好まない。そういう自己抑制がこの彼との対話にも現われている。

マウリツィオ・ポリーニは語る

私は大部分のことは偉大なピアニスト達の演奏から学んで来ました。彼等は皆それぞれ独自の芸術的な個性を持っていますし、いつも彼等のレパートリーのうちのいろんな部分を選んで聞きました。その中には古いレコード録音もあります。例えばコルトーやシュナーベルのように。今日の偉大なピアニスト達の中で特に好きなのは、ショパンのルービンシュタイン、それにホロヴィッツ、ミケランジェリ、ドイツ音楽ではシュナーベルを除けばケンプとゼルキンです。

シューマンの作品は自分で研究しました。シューマンの演奏で特に好んで聞いたのはコルトーとケンプの二、三の古い録音です。ベートーヴェンの演奏で特に興味を引かれたのはシュナーベル、バックハウス、ケンプです。強い印象を受けたのはエドウィン・フィッシャーとフルトヴェングラーによるブラームスのピアノコンチェルト・ロ短調のある昔のコンサートからの録音です。私は他の何よりもこれを大事にしています。

勿論立派な演奏を聞くということは助けになります。私は今でも時間があれば他人の演奏をコンサートで、又はレコードで家で聞くのが好きです。しかし自分で演奏して何かあることを言いたいと思えば、音楽への道は自分で捜さねばなりません。

できるだけ多くの文献を知るために、私は非常に多くの作品を自分だけのために通して演奏しています。一つずつレパートリーの中に取り入れて行く毎に少しは分って来るというわけです。特に読譜する上での問題はありません。一つの曲を暗譜するには音符を読むだけということをやってみるのも非常に良いことです。更にある音楽を自分のものにしたかったら、その曲を頭の中だけで考えてみることも大切なことだと思います。つまり演奏してみたり楽譜を読んだりすることなく、ただ純粋に頭の中だけで思い描いてみるのです。こういう頭での操作は楽器からも指からも、そしてその他のあらゆるものから自由であるだけに非常に良いのです。

私はピアノで非常にゆっくり練習してみるのは好きではありません。勿論ある種のパッセージは別ですが。そして練習段階では非常に小さな音で弾いてみるということもあまり意味がないと思っています。いつもその音楽の実際の響きでやっています。

家にいる時は一日の過ごし方に決まったやり方というものはありません。普通四時間ほど練習しますが、それより多いこともあれば少ないこともあります。勿論その間ぶっ続けで弾いているわけではありません。何度か小休止を取ります。いつも最初に曲を弾いてみて、それから特殊な指の練習をします。勿論新しい曲をやる時は誰でも最初は実際のテンポよりいくらか遅めに弾いてみなければなりませんが、かと言って余りに遅くしたり、余りに短い部分に区切るのは良くありません。

今日はコンサートだからと言って、その日に決まったことをするということはありません。その前に長時間練習することもありますが、休息の方を主体にすることもあります。勿論コンサートの前には充分休息する方が大抵の場合良いものです。私もそういう日にはできるだけ長く睡眠を取るようにしています。一番大切なことは練習の時にあれこれ考えたことをコンサートの前に全て忘れることです。音楽を作るということのために完璧なまでに自由になるためです。むしろ私は舞台で演奏している時に、例えそれがもう何百回となく弾いた曲であっても、その音楽の中にいつも何か新しいものを発見しているのです。私は一般的に言ってぎりぎりの時間にコンサートホールに入るのが好きです。

練習用鍵盤は好きではありません。私には楽器の響きが必要です。音の出ない鍵盤で練習するのは間違っていると確信をもって言えます。そんなことをしてもおそらく本当の響きにとって良くないことを練習しているに違いありません。

目下の所、私は一年に五十回コンサートを開いています。これ以上増やす積りはありません。むしろ減らしたいのです。新しい作品をもっとたくさんレパートリーの中に入れたいのですが、こんなにコンサートを持っていてはそれもできません。ベートーヴェンやシューマンやショパンだけでなく現代の人達の作品も演奏したいのです。それは非常に大切なことだと思っています。何回かのコンサートでブーレーズのソナタ・第二番を演奏しましたが、私にとって良い経験になりました。彼一流のやり方で作曲された非常にピアノに合った優れた作品です。現在の人達ではありませんが、いわゆる現代音楽の中ではシェーンベルク、ヴェーベルン、バルトークのものをよく演奏します。時間があったらシュトックハウゼンの作品ももっと自分のものにしたいと思っています。今日の作曲家達がピアノのために何かを書いているということを大切にしたいのです。実際彼等はあらゆる楽器のために新しい可能性を切り拓いています。それが私は嬉しいのです。

将来コンサートでもっと室内楽が聞かれるようになると良いと思います。室内楽のレパートリーは非常に重要でかつ広いものです。聴衆がピアノやヴァイオリンの巨匠の演奏ばかり聞きたがるのは精神の怠慢だと思います。二重奏や三重奏等にも同じ位の関心が向けられるべきです。不幸にして私はまだ室内楽を演奏する機会をあまり多く持っていません。

私は演奏技術を軽減する目的で作品をアレンジすることには反対です。ですから私は書かれて

Ossia

Original

＊「または」という意味。

いる通りに演奏します。私のピアニスト仲間がアレンジしているのは分りますが、私自身はやりません。例えばベートーヴェンの「熱情ソナタ」で第一楽章の第十四小節目、右手が十六分音符で下方の動きをする所を両方の手に分けて演奏するのは私の考えでは誤りです。ここは分割されることによって中断されたりしてはならない一つの線なのですから。

ブラームスの二短調・コンチェルトの第一楽章のトリラーも私はオリジナル通りに演奏しています。両手のためにオクターヴをつけ加えることは確かに効果の点ではより大きくなるでしょうが、音楽的に見てブラームスが意図したものとは全く違ったものが出て来ることになります。

私はホロヴィッツのコンサートを聴いて非常に感銘を受けたことがあります。それは彼のレコード、特にラフマニノフの第二番、変ロ短調のソナタの録音よりずっと大きな感銘でした。それは音楽としてはできの悪いものでしたが、非常にファンタスティックな演奏だったのです。

レコード録音に関しては私はコンサートの録音から切り取るのが一番だと思っています。偉大な巨匠達の名盤もそのほとんどがそういうライヴ録音からのものです。

私は時間があってミラノの自宅にいる時はよくコンサートに行ったり読書したりレコードを聴いたりしています。その他、海で泳ぐのも大好きです。

クラウディオ・アッバードは特に親しい友人です。彼の仕事ぶりにはいつも感心しており、彼と共演するのは好きです。指揮者の中で他に友人と言えばズービン・メータがいます。ピアニストの中で特に親しくしていただいている人達にはルービンシュタイン、ゼルキン、ミケランジェリがいます。若い仲間ではマルタ・アルゲリッチ、ネルソン・フレーレ、それにダニエル・バレンボイムも良き友人の一人です。ウラジーミル・アシュケナージとはめったに会っていませんから時に親しい友人とは言えませんが、彼は私が個人的に話のできる人です。

クラウディオ・アラウ

クラウディオ・アラウ小伝

「ある日のこと、一人の母親が息子を連れて来て、私に演奏を聞いてほしいと言いました。私がその少年に、君は何が弾けるのかと訊ねると、彼はこう訊き返して来たのです。『何を聴きたいですか。バッハなら何でもすぐできます』しかしちょっと弾かせてみただけで私はまだほんの七才のこの子供の類いまれな天分に大いに驚嘆し、とても私の手では教えられないと思いました。それで私の師であるマルティン・クラウゼ先生から直接習うようにこの少年を推薦したのです。後にこの神童は世界有数のピアニストになり、今日に至るまでそうです。あの神童こそクラウディオ・アラウだったのです！」

こういう報告をしている人こそ誰あろうエドウィン・フィッシャーなのである。彼はこの出来事があった頃まだ二十五才にもなっていなかったが、既に数年前からベルリンのシュテルン・コンゼルヴァトリウムで教えていたのである。

クラウディオ・アラウは一九〇三年（よく言われている一九〇四年は誤り）二月六日チリのサンチアゴの南にある小さな町チジャンで生まれた。父は眼科医であり、彼に最初にピアノを教えたのは母であった。四才の時にはもう自分で楽譜が読めたし、五才の時には既に最初のコンサートまで開いている。その二年後には国の奨学金を得てベルリンで勉強する機会を与えられた。アラウは一九三九年までベルリンに居を構えていたが、その後サンチアゴを経て家族と共にニューヨークに移った。それ以降、彼は演奏旅行のあい間はニューヨーク及びヴァーモント州の田舎の別荘で過ごしている。

ベルリン時代とマルティン・クラウゼの下での修業時代がアラウを決定づけた時代であった。彼は様々な賞を得たが（十二才で既にイーバッハ賞、グスタフ・オランダ・メダル）、一九二八年ジュネーヴで開かれた国際ピアニスト・コンクールでグランプリを獲得した。しかし初期の神童としての名声が彼の上に重くのしかかっていたのである。数年前にアラウは音楽評論家のバーナード・ガヴォティとの対話で次のように語っている。

「一九一四年から私はベルリンの聴衆の前で演奏して来ました。共演した偉大な指揮者にはアルトゥール・ニキシュ、カール・ムック等がいました。自分が危険なやり方で自分の運命に挑戦しているとも気づかずに私は神童としての役割を演じていたのです。しかしなぜ私のズボンの丈が長くなるのに反比例して聴衆の拍手は少なくなって行ったのでしょうか。それは才能が涸渇して行ったからではありません。聴衆の好みなど気まぐれなものです。子供だから拍手するのです。青年になったらそっぽを向かれます。はっきりと自分を意識したいわゆる大人の芸術家への移行というものはいつも非常に厳しいものです。というのは、それまでは本当の意味では何も意識しないで演奏しているのです。全く単純に何かが流れ出て来ているのです。私は一時期コンサートを一切開きませんでした。「彼は約束を果たさなかった」という聴衆の呪いの声が私の上にのしかかって来ました。この声は今でも夢の中で時折聞こえて来ます。どんな偏見でもそうでしょうが、聴衆の偏見というものは言い様もないほど強いものです。私が再び受け入れてもらえるようになるまでに少くとも十年はかかりました。

この頃の私の演奏が技術的にではなく音楽的に見て下手なものであったことはこの私がよく知っています。大きな壁にぶつかっていましたから、驚くほど動きが取れなかったのです。徐々にそういうものから自分を解放して再び自由になるためにありとあらゆる努力をしました。ああ、しかしその間の何と長かったことか。私の運命は何と不当なものであったことでしょう。しかし今ではそういう待たされた時期のことをむしろ感謝したい気持です。私の場合には、焦りの気持が一番稔り豊かだったのです。この時期に私はかなりなレパートリーを自分のものにしていました。演奏旅行をしていたらおそらく勉強もできなかったでしょうし、バッハの全クラヴィーア曲を暗記することもできなかったでしょう。丸二年間私は自分の世界にとじ込もっていましたが、それは果てしがないと思われるほど広い世界でした…。」

一九三五年アラウは長い沈黙の後、再びベルリンの聴衆の前に姿を現わした。彼は十二日間でバッハの全クラヴィーア曲を演奏したのである。これまでどんなピアニストもなし得なかった快挙であった。アラウはそれまでの間ずっと、バッハの作品と集中的に取り組んでいたのである。

「マルティン・クラウゼ先生は、私が十四才の時に既に『平均律クラヴィーア曲集』全曲を暗譜しているのに非常に関心を持って下さっていて、それならそれを転調してやるように言われたのです。つまり嬰ハ長調のフーガを変ホ長調で弾いてみなさいと突然命ぜられたのです。」

この一大センセーションを巻き起こしたバッハの夕べの一年後にはもうアラウはモーツァルトの全ピアノ曲を五日間で演奏した。一九三七年には専らシューベルトのものばかりから成る四日連続のピアノの夕べ、それにカール・マリア・フォン・ヴェーバーの四つのソナタによるコンサートを開いた。更にその一年後にはメキシコシティーでベートーヴェンの全ソナタおよび全コンチェルトを演奏した。

コンサートの数は極めて多かったにもかかわらずアラウはどこに行ってもいつも弟子達に囲ま

れていた。彼が演奏する場所で待っていた人もあれば、時にはグループを作って彼と一緒に旅行していた人達もあった。既に一九二五年からベルリンのシュテルン・コンゼルヴァトリウムの教師になっていたが、彼は今日に至るまで有能な若いピアニスト達のためにいつも無料で時間を割いているのである。それはニューヨークやヴァーモント、それに演奏旅行中でも同じであった。アラウにとって教えるということは「素晴らしいことであり、言いようもないほどの刺戟」なのである。

ごく最近アラウはフランクフルトのペータース版で二巻から成るベートーヴェンのピアノ・ソナタ集（EP八一〇〇a／b）を発刊した。

ピアニストとしてのアラウを形造っているもう一つの重要な部分として室内楽の演奏がある。以前ベルリン時代にヴァイオリンのヘルマン・フーブル、チェロのミュンヒ＝ホランドとトリオを組んで大いに仕事をし、演奏旅行をしたこともあった。後の主なものとしてはヨーゼフ・シゲティと組んでレコード録音したベートーヴェンのヴァイオリンとピアノのためのソナタ集がある。「若い音楽家は大いに室内楽をやるべきです。そうすれば、オーケストラと共演するのもより上手になるでしょうし、それに一人の作曲家の全作品とより一層取り組むことになりますから。」

アラウは今でもチリに国籍を置いているが、この国は彼にこれまで様々な栄誉を与えている。

首都の大学は彼に名誉博士号を授与したし、サンチャゴと生まれた町には彼の名に因んだ通りが二つある。

クラウディオ・アラウは語る

マルティン・クラウゼ先生は私にドイツの、それも特にリストの伝統を伝えてくれました。しかし私はもっと広い国際的な地平を切り拓き、できる限りあらゆる様式をマスターしようと努力して来ました。

一人の作曲家の音楽的な言語、その世界を摑もうとして、私はその人の全ピアノ曲を勉強し、演奏しました。一人の作曲家の全作品を眼前にとらえてこそ多くのことが分るのであり、その全体像を自分のものにすることができるのだと思います。そうすればある作品に関して全く分らない所があっても、他の作品からの類推、時には他のジャンル、例えば室内楽、管弦楽曲、リート等からの類推で分ることがあるのです。つまり一人の作曲家の全作品を知れば知るほど、その作曲家自身、及びその音楽の本質的な所がより一層理解できるようになるのです。これが私が全曲演奏をやってきた本来の理由です。

例えば私は長いことバッハの多くの音楽にたずさわって来た結果、一つの確信を得ました。彼の音楽は現代的なピアノで演奏すると本来その音楽でない、それにそぐわない次元が出て来てしまうのです。ピアノという楽器は個人的なもの、個人的な感情、発想を表現する手段として発明されたものだと思います。もしバッハが近代的なグランドピアノのことを知っていたら喜んで使っていたであろうとよく言われますが、私は全く同じ意見というわけではありません。彼の音楽はもっと中世の音楽観と深い関係があるのです。ピアノという楽器は何千という色合が可能なものですから、演奏者はしばしばそれに誘惑されてしまって、本来本質的に全く異なるものを彼の音楽の中に引き入れてしまうということがあるのです。うまく説明できませんがこれは私が深く確信していることです。もし再びバッハを演奏することがあったらチェンバロでやります。

私は狭いレパートリーで満足したことはありません。音楽全般に対して、勿論特にピアノ音楽に対して広い展望を得ようとして、いつも新しい作品と取り組んで来ました。音楽をより一層深く理解したいという焦りと知識欲からそうして来たのです。私は様々な作曲家とその作品をその人の時代と環境の精神的な潮流、及びその人の個人的な人生体験から理解することが非常に大切なことだといつも思ってきました。ですから時代毎の文化全体を自分のものとして消化し、その全てをそれぞれの作品の演奏の中に注ぎ込もうと努力してきました。

若かった頃――私の場合三十五才まででしょうか――私は普通一日に八時間から九時間ピアノの前に坐っていました。そして更に三時間から四時間計画的に読書することを日課にしていました。勿論自分の計画は自分で立てねばなりませんが、それを生活の原理にすることが特に大切なことです。まず例えば毎日二時間読書するということを原理にしてしまえば、その後ではそれはもうなしでは済まされぬものになります。

これだけ徹底した仕事をしたのも何よりもマルティン・クラウゼ先生の影響です。先生は音楽上の教育だけでなく、私の読書のことまで心をくだいて下さいました。私の人間形成の全てがあの先生にかかっていたのです。というのも私が先生の所へ行った時はまだほんの子供でしたから。十才から十五才の時まで先生のもとにいたわけですが、このように先生との関係は非常に緊密なものでしたから、私は先生から教師というものがその弟子に教えられる限りのものを全て教えていただいたと確信しています。ですからその後は他の先生の所で勉強しようなどとは思いもしませんでした。

私が特に大きな影響を受けた偉大な音楽家が二人あります。まず第一にブゾーニです。私は彼を神のように思い、今でもまだその影響を感じます。彼のコンサートには欠かさず行きました。彼は輝くような精神の持ち主であり、その話を聞いた人はすっかりそのとりことなり、その対話を何年も忘れずにいた程でした。もう一人はテレサ・カレノです。彼女は私に消えることのない印象を残してくれました。勿論ダルベールも尊敬していました。もっとも彼は当時既にピアニストとしてはもうその絶頂期を過ぎていましたが。それにエドウィン・フィッシャー、アルトゥール・シュナーベル、ヴィルヘルム・ケンプからも強い影響を受けたことを忘れてはなりません。

私は既に早くからレコード録音をしていました。正確には思い出せませんが二十年代にはもうやっていたと思います。バラキレフの「イスラメイ」だったのですが、これは一九二七年のジュネーヴのコンクールでグランプリを獲った時の曲です。その後パガニーニの六つのエチュード、リストの「エステ荘の噴水」、シューベルトの主題によるリストの「聞け聞けひばり」を録音しました。

私はレコード録音の演奏というものはコンサートとは全く別物だと思っています。またそうでなくてはならないと思います。コンサートの時と全く同じに演奏された曲を後で録音で聞いてみたらいささか滑稽な感じになっていたというようなことを何度も見てきました。レコード録音の演奏は全く別の法則に従わなければなりません。というのはコンサートの演奏というものは全てその場限りの一回切りのものですから、公開演奏には必ず即興的なものが伴なうのに対して、レコードはずっと残るものだからです。レコード上では音楽は記録されてしまうのです。コンサートの時のように即興の変化はつけられないのです。レコードというものはある演奏家の発展のほんの一瞬しか反映していないものではありますが、その一瞬の記録、固定化という意味は持っています。しかし私はよく行なわれているような個々の小さな切れ端をつなぎ合わせるというやり方は好きではありません。私は一つの曲はその連続性、気分の上での繋ながりを失なわないためにできるだけ一気に演奏するようにしています。私のレコードの中にも一種のライヴ録音のものがあります。ユージン・オーマンディーの指揮したフィラデルフィア管弦楽団との共演によるリストのコンチェルト・変ホ長調です。一週間共演した後で一気に録音したものです。うまく行って双方満足し、出版されることになりました。しかしこんなことがうまく行くことはめったにありません。

前に言いましたように、私はいつも自分の音楽の地平を広げようと考え続けてきました。目下のところ超現代的な音楽運動に非常に関心を持っており、ピエール・ブーレーズ、シュトックハウゼン、ルイージ・ノーノ、ベルント＝アロイス、ツィンマーマン、エリオット・カーターその他多くの人達を大いに支持しています。例えばブーレーズのソナタ・第2番もレパートリーの中に入れたいと思っていますが、これは勿論時間の問題です。こういう作品を準備し、マスターするには非常に時間がかかるものですが、目下の所それがないのです。しかしそのうちきっとできると思います。

ご存知の通り現代の作曲家達もやはり電子装置によるものだけでなく人間による演奏というものを何度も取り入れているのです。例えばシュトックハウゼンの第十一番のピアノ曲のような作品を考えて下さい。この曲の場合、各部分の組み合わせは完全に演奏者の才量にまかされています。私にとっては嬉しい自由であり、私達にはかつて与えられたことのない偉大なものだと思います。おそらくバロック時代にはあったのでしょうが、それ以降絶えてなかったものです。現代音楽は一方で演奏者というものを廃棄してしまおうとするものであり、また一方では演奏者に作品の構成に参加させる機会を与えようとするものでもあります。私はその両方が生き続けるだろうと思います。演奏者というものはいつまでも必要とされるでしょうし、また一方では勿論ある種の響きは電子だけで生じさせるということも行なわれるでしょう。

今日の若い音楽家達は商業化されたコンサート活動に余りに組み入れられすぎており、いつも並みいる競争相手に抗して自己主張しなければならないようになっています。例えばある若い才能ある演奏家が賞を得たとします。一夜明ければその人はもう有名になっており、大きな期待に応えなければならなくなります。自分の才能を証明し、他人より優れた演奏をするためには気違いじみた練習をしなければなりません。そうなるともう本来の芸術的なものからはずれてしまいます。自分への集中力もなくなり、人間としての成長も不可能になります。悪いのはそういう若い人達が単なるスペシャリスト、技巧家になってしまうことです。ああ何ということでしょうか。そういう賞を得た人達もうその次に来る若い男性、女性に先を越されないためにまさにアクロバット的な練習をしなければならないのです。その人自身の人間としての成長はないがしろにされねばなりません。時間がないからです。これも今日の音楽生活の体系全体から来たことです。私の若い頃はまだ自分の世界像、世界観、精神的な基礎は自分で作り、全人格的なものをあらゆる面から展開させていくという時間がありました。今日ではそんなことはほとんど不可能です。若い人達が悪いのではありません。専らコマーシャリズムの問題です。

若い人達に繰り返し忠告しておかねばならないことがあります。文化的な地平を広げる努力をしなさい。美術館へ行きなさい。劇場へ行きなさい。あらゆる時代時代の偉大な本である古典を読みなさい。芸術、建築、文学の世界を渉猟しなさい。そういうもの全てが結局はあなたの演奏に反映するのです。

これも非常に大切なことですが、心理的な均衡を保つこと、それによって人格のあらゆる要素をつり合いよく発達させることです。繰り返し忠告しますが、うぬぼれだけは避けなくてはいけません。うぬぼれは才能を阻害します。人間としての音楽家の発展をだめにします。うぬぼれは全てを台なしにします。音楽家は自分自身の栄誉よりも音楽そのものをもっと考えるべきです。

Islamei *

＊バラキレフ作曲「イスラメイ」

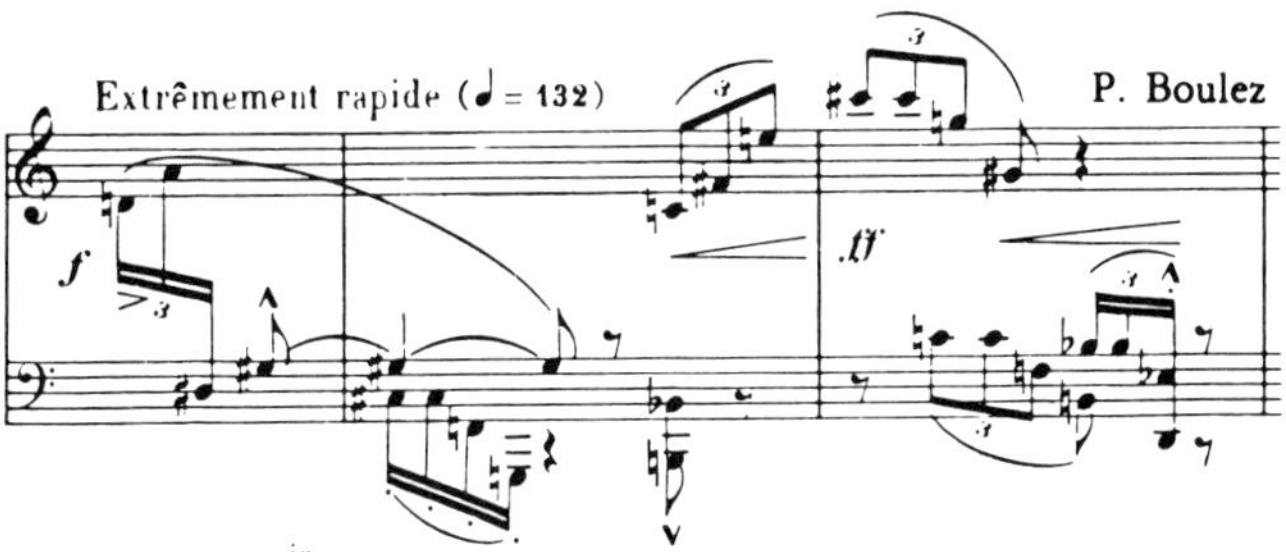

私は現在平均して一年に百回コンサートを開いています。以前は平均百三十回でしたが、これはかなりな消耗であり、若い人達には危険なことです。一方、若い人は大いに演奏しなければならないとも言えます。なぜなら、発展の中のある種の部分は舞台上でこそ達成されるものだからです。音楽家というものは聴衆から、また公開の演奏から刺戟を受けるものなのです。つまりその時の意識下の部分から自分を活気づけてくれる創造力が湧き上がってくるのです。

マルティン・クラウゼ先生は私達にリストについて多くのことを語ってくれました。リストはブゾーニに似た性格の人だったに違いありません。多くの人々が思い描いているような虚栄心の強いヴィルトゥオーゾとは全く違います。彼は音楽そのものに、つまり他人の音楽にも非常に感激することができたのです。彼は外向的性格であり、ヴィルトゥオーゾとして並はずれた経歴を持っていましたが、それでもやはり彼にとって最も大切なのは音楽そのものだったのです。リストでも今日のようなパーフェクトな要求には応えられないだろうという見解には私は賛成できません。今日のピアニストの方が優れていると言われる技術面に関しても賛成できません。どうか彼のエチュードやオペラ幻想曲の初期の作品を見ていただきたいと思います。私は偉大なテクニシャンとの評判の高い若い人達にそういう作品を公開の場で演奏してくれるよう頼んでみたい気がします。リストはそれを公開の席で苦もなく演奏したのです。

Etüde Nr. 4 (nach Paganini op. 1/1) *

F. Liszt

*リスト作曲「エチュード・第4番(パガニーニ・作品1の1による)」

私は例えばブラームスのコンチェルト・ニ短調の第一楽章のオクターヴのトリラー（三十八頁下の楽譜参照）のような技術的に見てむずかしい箇所をアレンジすることはあまり意味がないと思います。若きブラームスのようにピアノ演奏というものをよく理解していた作曲家がそのように書いたのなら、それは演奏家にむずかしいことをやらせようとしただけでなく、技巧を軽減したり別のやり方に代えたりしたら失なわれてしまうようなある種の響きを求めてそうしたということなのです。それに私はむずかしさそれ自体にある種の表現上の価値があるのだと思います。作曲家というものは、おそらく無意識にでしょうが、作品が単純な感じになるのを避けるために様々なむずかしさをその中に組み込むのではないかとさえ思います。むずかしいということはそれ自体一つの表現上の価値でもあるのです。それをやさしくしてしまったら全体の意味がなくなってしまいます。ブラームスのコンチェルト・ニ短調のこのトリラーについてもそうです。

技術上のむずかしさは勿論手の巾、力と関係があります。しかし大抵の人は気づいていませんが、腕の動き、特に腕の振りにも関係があるのです。私の考えではブラームスはある種のピアノ演奏法のことを思い浮かべていたのではないかと思います。

私は子供の時は元来非常に感情のままの演奏をしていました。先生は賢明な方で、私に一定の方法を押しつけようとはなさいませんでした。むしろ動物が動くようにそのまま弾かせたのです。

そしてずっと後になって私の演奏が無意識または意識下の段階から意識したものへと進んだ時になって初めて私は自分自身をよく見つめ、それからしだいに私が今教えているような一種のピアノ演奏の方法——私は何々派とか何々法とかいう言葉は好きではありません——を発達させたのです。それは身体全体が関係するものです。つまりダンサーが身体全体を使って自分を表現するようにピアニストもピアノを弾くべきだと思うのです。才能はあるのにだめになってしまって何も自己表現できなくなった若い人が私の所へ来たことが何度もありました。そういう時には感情をほぐしてやることによって、つまり音楽を身体全体に振動させてやることによって、そういう人達の中にも予期しなかったような創造力が目覚めてきたものです。私は一つのことは必ず他のあることと関係しているのだと固く信じています。

私は一日に約三時間非常に集中して仕事をします。つまり余り練習量の多い方ではありません。少くとも今は違います。しかし私は情熱をこめて、非常に集中して仕事をします。作品の問題点をはっきりさせ、そこを徹底的に練習します。その後で全体の関連をつかむために作品全体を通してやります。若い人達が作品毎の技術的な点を機械的に個々別々に練習していると、後になって音楽的な問題を処理できなくなる危険があります。技術の修得と音楽的創造はいつも一緒に求めなければなりません。実際の練習に入る前に既にその作品像を描いておくということも非常に大切なことです。勿論これはある程度までしかできません。音楽的な形成というものはその大部分が響きの中から生まれてくるのであり、その響きによって私達は作曲家の構想を理解するのですから。しかしそれでも私達はその作品を読めば既にかなり多くのことをつかんでいるのです。私の演奏法と私がすぐに音楽に取りかかることとは関連しているのです。私はウォーミングアップする必要もないのです。

コンサートの日にはあまり力を込めた練習はしません。曲をはっきりと記憶に留め、改めて作品の全体像を思い描くためにもう一度全体を通してさらいます。指の練習は決して多くやりません。そういう練習そのものはそもそもごくまれにしかやりません。作品の中のむずかしい箇所だけを練習します。よく言われていますが、私はウォーミングアップというものは絶対にやりません。そういう意味では全く準備なしにコンサート会場に行くのです。なぜそうしているのか自分でもわかりません。おそらく最初の一音から音楽を体験するためなのでしょう。

私が今演奏している方法は最初マルティン・クラウゼ先生が教えて下さったものを私が後に発展させたものです。先生はいつも強調しておられました。緊張を解くこと、楽になること、どこの関節が硬直していてもよくない。先生は私達にスポーツをやるようにとも薦められました。それで私は若い頃はたくさんのスポーツをやりました。ベルリンにはトレーナーが一人いて、その人と週に二、三回運動しました。メジシンボールはよくやりました。動きが硬くてはできないものです。重くてやわらかいボールは身体全体を使って投げなければなりません。それで私は弟子達にもこのスポーツを薦めています。その他ボート、水泳、それに槍投げもやりました。水泳は身体の緊張をほぐすのにも非常によいものです。

以前は指の力を強くするために、練習用鍵盤で大いに練習したものです。しかし、もう一度言いますが、若い人達にとっては筋肉の機能と響きの機能が切り離されてしまう危険性が大きいのです。それはよくないことです。今では私は練習用鍵盤はほんの時折、ある特定の箇所の筋肉の力を回復させたい時だけ使っています。しかし勿論やりすぎる危険がありますから、若い人達には一日に三十分以上は使わないように忠告しています。私は一般に記憶のためには使っていません。響きを記憶しなければならない点では机の上で記憶しても同じことでしょう。

コンサートの当日には私は昼食までしか仕事をしません。そんなに早くは起きませんし、約二時間半の練習です。しかし既に言いましたようにあまり力も感情もこめてやりません。昼食後には散歩をすることが多いですし、その後で少くとも二、三時間はベットに横になります。舞台に立つ前、公開演奏の前の睡眠は非常に大切なものです。眠りの中で創造力の源である意識下の世界へ沈みこんで行くからです。再び目覚めてコンサート会場に行き、ウォーミングアップもしないで、いきなり舞台に立った時には、睡眠と意識下の世界から得られた創造力に満ち満ちているというわけです。眠れるということは基本的なことです。それができるには、長いこと仕事をしなければなりません。例えば私は坐ればいつでも十分から十五分はぐっすり眠れます。自己暗示法もやってみました。シュルツの本を持っており、それで長いこと練習しました。私はいつもコンサートの始まる三十分前には演奏者控え室に坐っています。それからは最後の瞬間まで楽譜を見ています。他に気を取られないためで、一種の集中力の訓練でもあります。

現代の作曲家の中では例えばストラヴィンスキーと一緒に仕事をしました。彼のセレナード、それに管楽器付のピアノコンチェルトです。セレナードについてはその音符の一つひとつについていかにそうしたいのかを彼は語りました。実によい体験でした。私は彼に尋ねました。「では、なぜその通り書かないのですか。それとも人々に謎を解いてもらいたいのですか。」すると彼はこう言いました。「そんなことは全く望んでいません。ただ選ばれた人達だけにこれ等の作品は演奏してもらいたいのです。そういう人達に私は直接語っているのです。」彼は楽譜になっていないいくつかの作品についても実に多くの素晴らしいことを語ってくれました。ストラヴィンスキーに関しては楽譜に書いてあることだけを演奏すればよいと言われています。しかし彼が語った所によればそれは絶対に間違いです。

私はカメレオンのようなものです。何にでも感情移入できます。ストラヴィンスキーのピアノの響きにも非常に深く感情移入しました。全然むずかしいものではありませんでした。私はどんな音楽でも同じ緊張で演奏しますが、いつもそれぞれの響きの範囲内でやります。そうすればその作品に異なる世界、本来そこにはない響きを挿入することもなくなると思っています。

私の考えでは作曲家というものは非常に早く自分の作品を越えて成長してしまうものです。彼等は作品を書いた瞬間にはそれをどのように演奏してほしいかを正確に知っているのですが、二十年も経てば演奏家の方がそれをよりよく知っているということもあるのです。私はそういうことを何度も体験してきました。

私はシェーンベルクの作品はピアノコンチェルトも含めて何度も演奏しましたが、残念ながら彼と知り合う機会には恵まれませんでした。このコンチェルトはオーケストラも含めて大変むずかしいものです。非常に多くのプローベを必要とします。シェーンベルクのコンチェルトのような作品はまず構造を会得するためには仕事にかかる前に読譜します。古典派やロマン派の作品の場合にはまず通して弾いてみます。以前は大いに初見で演奏したものですが、幸い私にはやさしく感じました。

私はリストの作品がその音楽的な内容も含めて将来また大いに重要視されるようになるだろう

Vallée d'Obermann*

F. Liszt

*リスト作曲「オーベルマンの谷」

と思います。例えば「死の舞踏」のような作品は依然として毛嫌いされていますが、既に現代音楽を指向するような音楽的な想像性をたくさん持っています。そういうものに目を向けるようもっと努力すべきだと思います。私の大好きな曲の一つに「オーベルマンの谷」があります。これは彼が書いた中でもおそらく最も美しいものでしょう。

「孤独のなかの神の祝福」も素晴らしい作品です。最高に美しく、純粋で、ロマンティックな音楽です。十二曲から成る「超絶技巧練習曲集」は以前に全部まとめて一晩で演奏したことがあります。「狩」とか「雪かき」のような作品は特に素晴らしいです。この練習曲集を順番に演奏して「雪かき」で終ると、今まで聞いたこともなかったような力を持った音楽的なヴィジョンが現われてきます。リストのことを軽蔑的に言う人は、実に多くのナンセンスを語っているのです。

私の感覚からするとシューマンは必ずしも容易には理解できない人ですが、最も偉大な作曲家の一人です。彼の場合には非常に深く感情移入しなければなりませんし、彼の曲を理解するには何年もかかることがあります。私が非常に好んでいるのもシューマンのほんの一面にすぎません。つまり彼には至る所に秘密がひそんでいるのです。それは通常、直観でしかとらえられないような音楽的な秘密なのです。コンサートが始まってからやっと演奏にとって大きな意味を持ったものが現われてくるというようなことすらあります。

偉大な音楽というものは解釈して演奏されなければならないのです。例えばベートーヴェンを例にとって彼のピアノ曲の楽譜をそこに書いてある通りに、それだけを再現しようという今日的な試みについて考えてみましょう。そんなことをしてどうしてベートーヴェンのような音楽の巨人と関わり合えるでしょうか。一体どうして彼の音楽を覚めた気持で演奏できるというのでしょうか。全くナンセンスなことです。そういうことを書いている人達の中で、その人自身はどう演奏したかを私は知っています。それはそれは猛烈なものでした。よく言われることですが、ベートーヴェンの場合には特に拍子を正確に取って演奏しなければならないというのもナンセンスです。彼自身正確な拍子の演奏はしなかったのです。チェルニー、シンドラー、リース、そのほか彼の演奏を聞いたことのある人達はみな、彼が突然テンポを変えることすらあったと書いています。どうして多くの人々がそのようなことを考えるようになったのか私は知りません。おそらくこの頃の多くの若い音楽家達が音楽上の解釈で自己をさらけ出すのを恐れたためではないでしょうか。つまり面目をつぶすのをこわがっているのです。書かれている通り、それだけを演奏して自分のものは何もつけ加えないというのは確かに楽なことです。そういう演奏の場合、それが正しいとか間違っているとかは全く言えません。何しろ何の解釈もなされていないのですから。現代音楽の場合にはいささか違いますが、やはり解釈しなければならない点では同じです。例えばシェーンベルクをただ楽譜通りに演奏したら、そこには何の意味も存在しないでしょう。一般に自分の立場を明らかにすること、自己をさらけ出すこと（アメリカ人やイギリス人はこれを commit oneself と言っています）、演奏解釈に対して責任を取ることを恐れる風潮があるようです。そういう人達は私の考えによれば本来演奏というものが何であるのか全然わかっていないのです。

私は仕事及びコンサート活動に対する埋め合わせによく劇場や美術館に行きます。よく散歩もし読書もします。私は言わば小さな図書館をたずさえて旅行しています。できる限り現在のあらゆる精神的、文学的潮流に通じていられるように努めています。しかし時間も人生も足りません。人間のあらゆる分野の営みというものは余りに膨大なものです。作家もその本の数も多すぎます。それでも一日に少くとも二時間は読書をするよう自分に義務づけています。音楽、文芸、文学、社会学、心理学等全てに関する本です。今日世界のあらゆる分野で起こっていることは信じられないほど面白いものです。充分読書する時間がないと言ってあきらめている人がいます。私はあらゆる素材から一つの全体像、一つの「コスモス」像を得ようと努力しています。細分化した考え方は取りません。私は旅行中は大抵一人です。グループを組むことはめったにありません。社会的なコンタクトは私にはほとんどないのです。私はただ何等かのかかわりのある人とだけ会います。別の言葉で言えば、副次的なことは全て捨て去って、私を精神的に引き上げてくれるような、そういう本質的な事柄とのみかかわって生きて行く、そんな生活プランを実現させようと努力しているのです。

スヴャトスラフ・リヒテル

スヴャトスラフ・リヒテル小伝

「私のような年になってニューヨークやパリやロンドンでデビューすることがどんな意味を持つか、あなた方には想像もできないでしょう。しかもあんなに宣伝された後だけになおさらなのです。」スヴャトスラフ・リヒテルはこう語ったと伝えられているが、これは一九六二年にドイツのある週刊誌に載ったものである。同じ年このピアニストは初めてウィーンで演奏していた。西ベルリンの音楽ファンは一九六七年まで、その他の西ドイツの主要な都市は一九七一年の末まで待たされた。音楽都市ミュンヘンに至っては一九七五年の二月になって初めて彼を舞台上に迎えることができたのである。その至る所でリヒテルはヒステリックなまでに高まった期待の心理的な圧迫に耐えなければならなかった。

スヴャトスラフ・テオフィロヴィチ・リヒテルは一九一五年三月二十日、ウクライナのジトミルで生まれた。父はポーランド出身のドイツ系の家系で、ヴィーンで音楽を学び、そこで二十年ほど過ごし、その後ジミトルの両親の許へ帰り、そこで結婚し、更にオデッサのコンゼルヴァトリウムでピアノ教師兼オルガニストとして活動していた人である。父リヒテルは有名な息子の判定によれば「非常に優れたピアニスト」であり、ローベルト・フクスから作曲法を習い、フランツ・シュレーカーと深い親交があった。ピアノはローベルト・フィシュホーフの許で学んだが、この人はヴィーンの優れたピアニストであり、特にチェルニーの弟子であったアントーン・ドール、それにフランツ・リストの教えを受けた人であった。

スヴャトスラフ・リヒテルは六才の時に、当時オデッサに住んでいたあるチェコ人のハープ奏者から音楽の基礎的な訓練を受けた。八才で作曲を始めたが、彼の言によれば「ただかわいいだけ」のものであった。しかし十二才の時にはもうメーテルランクの素材によるあるオペラに取りかかっていた。しかし彼の並はずれた才能にもかかわらず、と言うべきか、それ故にこそと言うべきか、両親は彼に音楽学校での通常の段階を踏ませず、むしろ独習の道を歩ませたのである。

スヴャストラフ・リヒテルはオデッサでドイツ学校に通った。当時既に彼はピアノの演奏、作曲だけでなく、あらゆるジャンルの音楽に関心を持ったいた。十二才から十四才までの間に既にヴァーグナーの全てのオペラをマスターしていた。十八才から二十二才までオデッサのオペラの首席コレペティートルを勤めた。この仕事のお蔭で彼はオペラの分野での音楽的な訓練、広いレパートリーにわたる知識を得ることができた。彼の言によれば、これは彼にとって「優秀な音楽学校」であった。

一九三七年リヒテルはこの仕事をやめて友人の薦めでモスクワに行き、そこで有名なピアノ教師ハインリヒ・ノイハウスの指導を受けることになった。この人はエーミール・ギレリス、ヤーコプ・ザグ等にも教えた人である。「ノイハウス先生は私にとって父のような人でした」とリヒテルは回想している。「先生は弟子の皆にそれぞれ自分で自分を探す自由を与えていました。弟子達にとって先生は刺戟を与えてくれる人であり、同時に偉大なピアニストでした」ノイハウスは弟子のリヒテルを「音楽上の天才」と呼び、更にこうつけ加えている。「彼の指の巾も大したものですが、その精神的能力は言うまでもありません」リヒテル自身の語る所によると彼に決定的な影響を与えたのは彼にあらゆる音楽上の自由を与えた父だけでなく、このハインリヒ・ノイハウスだったのである。更にピアニストとして刺戟を受けたのは特に彼に「巨大な印象を与えた」エーゴン・ペトリ、それにショパン演奏の面ではイグナーツ・フリードマンであった。

リヒテルにとってもやはりショパンは特別な意味を持っている。「私はショパンとドビュッシーが非常に好きです。しかしショパンの場合、それは私の中にポーランドの血がたくさん流れているということから来ているのでしょう」

スヴャトスラフ・リヒテルのコンサート活動は正式には一九四〇年、プロコフィエフのソナタ・第六番の初演から始まった。ハインリヒ・ノイハウスは彼のあるピアノ演奏会の時に当時二十五才のリヒテルをこの作品でデビューさせたのである。彼は前もって作曲者を説得して、まだ無名であったこの若きピアニストにチャンスを与えたのである。こうしてノイハウスは彼の愛弟子に決定的なきっかけを与えてやったのである。リヒテルはその後プロコフィエフとはその死に至るまで親交を続けた。彼はプロコフィエフの第七番、これに彼に捧げられた第九番のソナタも世に出している。

一九五二年、リヒテルは最初にして最後の指揮台に立った。プロコフィエフのチェロ・コンチェルト・第二番の初演を指揮したのである。ソリストは、彼の友人であり室内楽のパートナーでもあるムスティスラフ・ロストロポーヴィチであった。プロコフィエフは当時こう語っている。「今こそ私はついに私の作品のための指揮者を得ることができた。」ハインリヒ・ノイハウスも後にこう語っている。「彼は何と大事な指揮者を失なってしまったことでしょう。これは私の心からの願いであり希望なのですが、彼がまたいつの日か交響曲やオペラの指揮者として私達を楽しませてくれないでしょうか。彼でなくて、一体誰に指揮してもらったらよいのでしょうか。」ノイハウスはリヒテルが芸術的才能に関して驚く程の多面性を持っている次の例として彼の絵画好きを挙げている。「彼の絵画に対する情熱はいつも変らぬものがありました。彼は音楽家であるだけでなく、スケッチも油絵も描く極めて才能ある画家でもあるのです。ただそれ相応の教育を受けていないだけのことです。彼はよその国へ行く度に必ずそこの博物館、美術館を訪れていますが、これは彼の演奏旅行の一部にまでなっています。現代の非常に優れた画家達が語ってくれましたがリヒテルはその生涯を絵に捧げていたとしても、ピアニストと同じ程の高みを極めていたであろうということです。」

リヒテルのピアニストとしての、演奏者としての秘密には、彼の強烈な個性、生きて行く強さが関係しているのであるが、同様に彼の自由への欲求、彼が関心を持つ全てのものに対する好奇心の強さもかかわっているのである。これは彼のレパートリーの広さにも現われている。彼の言によれば、ピアノ・コンチェルトが約四〇曲、それにそれと同じ位のピアノ演奏会用のプログラムを持っているということである。

「私は何でも取り入れてしまう人間です。」リヒテルは自分の特徴をこう呼んでいる。「私は何でも欲しいのです。しかしそれは私の名誉心でもなければ、私が浪費家だからでもありません。ただ私が多くのことを愛し、又常に新しいものを知りたいという欲求がなくならないだけのことです。」例えば現代の偉大なピアニストでもリヒテル以外にはほとんど誰からも聞けないような一連の忘れられた次のような作品である。グラズノフのピアノ・コンチェルト（ヘ短調）、ドヴォルザーク（オリジナル版）、ブリテンのニ長調のコンチェルト、セザール・フランクのピアノのオブリガートつきの交響詩「鬼神」、バルトークのピアノ・コンチェルト第二番等である。彼はヒンデミットの第一番のピアノ・ソナタ（マイン川）を好んでおり、素晴しい作品だと言っている。シューマンの「雑記帳」、ラフマニノフのプレリュードもそうである。ラフマニノフの多くの曲に見られる「メランコリーとエレガンス」を貴び、それをノーブルな音楽と感じているのである。例えば「絵画的練習曲集」、とりわけその中の第三番・嬰ヘ短調、第七番ハ短調を推奨している。彼の確信する所によれば、プロコフィエフもそこから出発したのである。クライスラーの「愛の喜び」によるラフマニノフのピアノ用の編曲も彼はよく演奏する。しかし、これは例外であって、リヒテルは編曲というものをひどく嫌っているのである。ブゾーニによるバッハの編曲も彼には「恐ろしげな」ものであり、ムソルグスキーの「展覧会の絵」のラベルによるオーケストラ版も「ただごてごてと飾っただけ」にすぎないということになる。オリジナル版のあの心理的な様々な対比がなくなっているというのである。

リヒテルの記憶力は驚異的なものである。プッチーニのめったに聞く機会のない「外套」の細かな部分も、フンパーディンクの「ヘンゼルとグレーテル」や、彼がその壮大な交響性を買っているチャイコフスキーの「スペードの女王」と全く同様に彼にはいつでも目の前にあるようなものなのである。しかし彼の知識は決して音楽に限らず他の様々な分野にまで広がっている。彼が身近なものに感じているシューマンの音楽のことになると、文学との横のつながりが話題になって、すぐにジャン・パウルやその「ジーベンケース」のことを語りだすという具合である。ただ自分がロシア語でしか読んでいないことを嘆いており、アレキサンダー・プーシュキンがジャン・パウルを好んでいたと語った。プーシュキンは彼をゲーテ以上に買っており、ロシア国民にジャン・パウルを読むよう薦めたということである。

レコード録音をするということはリヒテルにとっていつも気が重いことであった。「コンサートの場合には前向きの気持で演奏し考えます。手なれた前向きの感じなのです。しかし録音の時には後向きなのです。演奏している間中、今のは合っていただろうか、と自問してしまいます。」彼はレコード録音ですっかり満足したということはない。例えばシューベルトのハ短調の大ソナタの両端楽章を五時間かけて何度も何度も録音したのである。繰り返しも全て含めて、その度に楽章全体を通して演奏したのである。もう何年も前の話であるが、あのおそれられているシューマンの「トッカータ」の有名な録音の際、彼はこの力の要る曲を繰り返しもつけて一気に前後六回弾いたのである。そしてシューベルトのあの壮大で緊張感のある「さすらい人幻想曲」の時は録音の日に、合わせて七回弾いている。

こういう緊張の埋め合わせとしてスヴャトスラフ・リヒテルは長い散歩をする。一日に二十五キロに及ぶこともある。つまりこのようにして彼は演奏旅行に行った都市やそこの土地を散策するのである。

レパートリーを増やすやり方でも彼は独特のものを持っている。「練習に関しては私は全くでたらめと言えるでしょう。ピアノの前に坐らないで数ヶ月が過ぎることもあります。私にとってはそれが自然なのです。しかし他の人には、特に若いピアニストには薦められることではありません。」

スヴャトスラフ・リヒテルは語る

私がオペラの指揮者だったことがあるという伝説があるそうですが、私はただのコレペティートルだったのです。それだけのことです。十七才や十八才でオペラの指揮者だなんて、どこにそんな人がいると思いますか。

オデッサのオペラのコレペティートルの時は私はいつもコンサートの時のように演奏しようと努めていました。それで私は皆に好かれ、私と一緒に仕事をしたいと言ってもらいました。オデッサのオペラは当時今日のミュンヘンのオペラと同じくらい優れたものでしたし、レパートリーもたくさん持っていました。特に興味深かった上演は例えばプッチーニの「トゥーランドット」、クルジェーネクの「ジョニーは演奏する」、多くのソヴィエトのオペラ、それに勿論ヴェルディ、チャイコフスキー、ヴァーグナー等のオペラでした。

ピアノ曲に関しては、私はその頃までまだ演奏会を持ったことがなかったのですが、当時それを無

視していたわけではありません。十八才になって初めてその勉強を始めたのです。十九才の時に自信を得てある晩ショパンの作品でコンサートを持ちました。しかしまだピアノ的なテクニックは何も持っていませんでした。つまりオーケストラのような演奏をしていたのです。ヴァーグナーのオペラならそれでうまく行ったのですが、完璧な演奏法というようなものは私にはまだなかったのです。それ故、最初のコンサートは私にとって大事件でした。私は非常に興奮しました。十九才で、しかもオペラからピアノ音楽へ移ったのです。それだけで既に一つの冒険でした。プログラムの中には既に充分弾き込んでいた曲もありました。そういうものはコンサートの最後の方に回しました。結局コンサートはうまく行きました。特にバラードの第四番は上出来でした。その前の「幻想ポロネーズ」はだめでした。プレリュードとホ長調のスケルツォもだめでした。専ら精神的動揺のために音をいくつかはずしました。しかしバラードの第四番になって、これは実にうまく行きました。エチュードの第四番・嬰ハ短調・作品一〇の四も上出来でした。これは充分弾いていましたし、速いテンポで弾くことができました。これはプレストと指示してある通りに弾かなくてはなりません。

ショパンのバラード・ヘ短調はコンゼルヴァトリウムの入学試験の時にも弾きましたが、それですぐに入学を許された曲です。この曲こそ実に素晴らしいものです。私はコーダもアレンジし

または弾き易くするために次のようにしても同じ効果が得られます。

Sonate Nr. 6 * — I — S. Prokofieff

Allegro moderato (♩= 112)

＊プロコフィエフ作曲「ソナタ・第6番」

ないで演奏しました。そんなにむずかしいものではありませんから。しかし私は全ての音符がそのままであり、その通りに聞こえてくるのであれば、時に置き換えをすることには反対しません。例えばシューマンの「ユモレスク」の中のオクターヴの箇所（前頁参照）がそうです。

しかしベートーヴェンのハンマークラヴィーア・ソナタの冒頭は勿論オリジナル通りに弾きます。左手の方が右手の場合よりはるかに力感があります。

私がプロコフィエフの第六番のソナタを公開のコンサートで初演した時、私はまだ学生でした。弾かせてもらったのはノイハウス先生の特別な取りはからいによるものでした。当時多くの音楽家はノイハウス先生が気が狂ったのではないかと言ったものでした。この第六番のソナタはプロコフィエフ自身が最初ラジオで演奏していました。これが本当の意味での初演です。しかしこの曲は自分にはむずかしすぎると彼自身気づいたのです。それでノイハウス先生が彼にこう言ったのです。「じゃあ、あの若いリヒテルに弾かせてみよう。」私自身はこのコンサートで初めてプロコフィエフを知ったのです。つまり彼は私の演奏が終ると舞台に上って来て握手をしてくれたのです。ノイハウス先生はその前にプロコフィエフを説得してくれており、彼も先生を信じてくれたのです。しかし私にとって運命的な出来事の時はいつもそうなのですが、プロコフィエフのソナタを落ちついて勉強する時間はありませんでした。というのはその前に或る学生コンサートでモーツァルトのソナタを演奏しなければならなかったからです。私はプロコフィエフのソナタを二日間、十二時間ずつ練習してやっとコンサートの前日に暗譜することができました。こんなことはそもそも目茶苦茶なことだということはよく知っていました。しかし私はいつもこうなのです。

プロコフィエフのこのソナタは確かに暗譜するのはやさしいとは言えませんが、例えば私が一番好きな第八番のソナタと比べると演奏しやすいものです。しかし第七番と第四番も大好きです。私は弾きませんが、第三番はそれなりに一風変った所があります。私に捧げられた第九番はいささか「家庭的」な響きがあります。「家庭交響曲」ならぬ「家庭ソナタ」という所でしょうか。

私の最初で、これまでのところ唯一の指揮者としての登場もやはりプロコフィエフのソナタの時と同じような出来事でした。私はキリル・コンドラシンと一緒にコンサートの準備をしたのですが、たった十日しかありませんでした。それで全部だったのです。当時、新音楽はまだあまり好かれておらず、プロコフィエフのチェロ・コンチェルト・第二番も嫌われていました。しかし私はその曲が気に入っていました。プロコフィエフはロストロポーヴィチと一緒にその曲に手を加えたのです。私に指揮させようなんて誰が考え出したのか、ノイハウス先生なのかロストロポーヴィチなのか、私は全然知りません。いずれにせよ「我々で練習するから、お前が指揮しろ」ということになったのです。私は「いいでしょう。では私は見ていましょう」と言いました。私は一九五二年当時、右手の指を一本骨折していたのです。しかももともと私には何の関係もないけんかが原因でした。二人の友人とモスクワ郊外のあるバーにいたのですが、そこへ酔っ払いがやって来て乱暴をはたらきました。兵隊が二人でなだめようとしたのですが、この二十五才位の若者は非常に強くて、逆に兵隊を投げ飛ばしてしまいました。私がなんとかやっと取りおさえておとなしくさせたのです。ところが、次の日に指が一本腫れてきたので医者に行きました。この医者は潰瘍だと言いました。次の日の晩も指の痛みがおさまらないので、今度は別の外科医の所へ行きました。彼はレントゲンを撮って、小さな骨が折れているから直ちに処置をしなければならないと言いました。そして熱したワックスを使って指をまっすぐに固定したのですが、ありがたいことに指は硬直せずに済みました。全くあぶない所でした。

勿論、私はひょっとして右手が演奏できなくなったらどうしようかと当時考えました。まず最初にラヴェルの左手のためのコンチェルトを勉強しました。夜寝てからこんな考えが浮かびました。私の指が働かないということは皆が知っている。だから私はこれを指揮することに使ってやろう。こんな場合だからきっと皆支持してくれるに違いないと。そしてその通りになったのです。私は十日間ほどコンドラシンの下でアウフタクト等の指示の仕方から始めて指揮法を習いました。指はもう元通りになっていたのですが、勿論そんなことは言いませんでした。その後たった三回だけオーケストラとプローベを持ちました。かなり軽はずみなことでしたが、それでも全てうまく行きました。コンサートの後、私は何通か手紙をもらいました。指揮を止めないでほしい、もっと指揮を続けてほしいというものでした。しかし私はそれを止めてしまいました。そしてこう言いました。「後で、後でまた指揮をするでしょう。」しかしそれからもう長い年月が経ってしまいました。それでもまだ言い続けています。「後で」。私にはまだピアニストとしてするべきことが多すぎるのです。

私が指揮をしたその晩、もう一つの出来事がありました。私は当時よくノイハウス先生の家に泊っていたのですが、もともといささか厚かましい所がありました。その日も帰ってくるとすぐピアノの前に坐ってショパンのイ短調のエチュード・作品一〇の二を弾きました。いつもはあまりうまくできなかったのですが、この晩ばかりはパーフェクトな出来でした。指揮がうまく行ったので非常によい気分になっていたのです。ノイハウス先生は隣りの部屋から入ってきましたが、「ちょっと速すぎたんじゃないかね」としかおっしゃいませんでした。

このイ短調のエチュードはうまく演奏できたことが数回ありますが、いずれもアンコールの時でした。

私はショパンのエチュードは必ずしも全曲演奏しなければならないとは思いません。私は、一般にソナタ全曲とかエチュード全曲というような全曲演奏には反対です。私にとって例外は「平均律クラヴィーア曲集」です。学生時代にノイハウス先生の下で多分プレリュードとフーガを五曲勉強したと思います。その後、自分で全曲に取り組みました。この「平均律クラヴィーア曲集」に限っては私も全曲演奏を、それも暗譜でやるべきだという考えです。コンサートでは私はいつもピアノの上に譜面をのせています。記憶の問題ではなく、ある友人がこんなことを言ってそれに強く動かされたのです。彼はこう言いました。「確かに君は平均律クラヴィーア曲集を暗譜で弾くことができる。しかしそれではバッハに対して厚かましいのではないか。」そのことを私もよく考えてみました。それで確かに厚かましいと思ったのです。そういうわけで今では譜面を見て演奏しています。

私は最初「平均律クラヴィーア曲集」の第二部を演奏しました。一九四四年、初めての演奏旅行でコーカサスに行った時に、ドビリシで学生達の前で弾きました。その後、一九四五年か一九四六年にモスクワで「平均律クラヴィーア曲集」全曲を演奏しました。六日間で演奏したのですが、一日毎にまずバッハのプレリュードとフーガを八曲やり、その後で他の作曲家の大きな曲、例えば「熱情ソナタ」とかを弾くという具合でした。その後しばらくして「平均律クラヴィーア曲集」の演奏は中断していましたが、後に改めてやるようになりました。

バッハの演奏はチェンバロに限るべきだという意見には賛成できません。確かにチェンバロで演奏してもよいと思いますが、一晩のコンサート全部ではなく、ピアノと交代でやるべきだと思います。一晩全部チェンバロでは響きが貧弱すぎます。バッハのコンチェルトの中では特に二短調とイ長調のものを演奏します。それに二台のクラヴィーアのためのコンチェルト・ハ長調もやります。

私は聴衆のためだけに演奏するというほど無私ではありません。いやむしろ何より自分のために演奏しているのです。それがうまく行った時には聴衆もおそらくそこから何かを得ていることでしょう。ある有名な音楽学者が私にこう尋ねたことがあります。「あなたは演奏する時、いつもあなたの回りに目に見えない壁でも持っているのですか。あなたは聴衆が好きではないのですか。」私はこう答えました。「聴衆は私に関係ないのです。それに気づいてさえいません。」よくこうきかれることがあります。「あなたは聴衆に満足しましたか。」そんなことより聴衆が私に満足してくれたかどうかの方がずっと大切なのです。

私はラフマニノフのコンチェルトは第一番と第二番を演奏します。第三番は聞くのは好きですが、自分ではやりません。他人が演奏するのが気に入っているからです。もし他人のものが気に入らなかったらきっと自分のレパートリーの中に入れていたでしょう。同じことはラフマニノフのパガニーニの主題によるラプソディーにも当てはまります。この曲も他人の演奏で充分に納得させられています。例えばゲリー・グラフマンのファンタスティックなレコードがあります。ラフマニノフの第三番のコンチェルトを演奏しているピアニスト達もほとんどみなよいものばかりです。クライバーンもよい演奏をします。フリエールもかつて非常に素晴らしい演奏をしていました。それに若いモギレフスキーも。この曲はいかにもラフマニノフらしい、大きな魅力に満ちた非常に美しい作品です。

古典派の作品でそこに書かれている反復記号をどうするかに関して、私は次のような意見を持っています。つまり「熱情ソナタ」の最終楽章の繰り返しを演奏しないような人には、そもそもこのソナタを弾く資格はないのです。繰り返しをはしょるような人がいたら、口笛を吹いてやればよいのです。残念ながら誰も吹きませんが。同じことはシューベルトの変ロ長調のソナタの第一楽章にもあてはまります。ここは大抵の人が繰り返しを省略しています。私はいつも繰り返しも演奏してきました。しかし音楽家達はコンサートが終るとやってきて「なぜ繰り返しも全部演奏するのですか」とききたがります。しかしわざわざ聴きに来てくれた聴衆に長すぎる感じがしましたかと訊ねると彼等は必ず「いいえ、絶対に」と答えてくれます。聴衆は大抵繰り返しについては全く知らないものです。しかし彼等はそういう完全な演奏の方が正しいと本能的に感じ取っているのです。ところが音楽家、ピアニストにとってはそれはいつも長すぎるのです。こんないやな、馬鹿げたことはないと思います。そんなことを言うピアニストに限って音楽がわかっていないという証拠です。彼等は退屈な感じになるのを恐れているのです。緊張感を維持できなくて、自分自身に確信が持てないからなのです。同じことはショパンのソナタでも言えます。私は繰り返しを聞いたことがありません。最近ある若いピアニストと話しをしました。非常に優秀な女流ピアニストです。彼女はショパンの口短調のソナタの冒頭がむずかしくてと歎いていました。それで私はこう言いました。「そうですねえ。きっと初めはそうでしょう。しかし二度目、つまり第一楽章の提示部の繰り返しの所では楽になっているはずです。」すると彼女はこう答えました。

「でも私は繰り返しは演奏しません。誰もやっていません。」私はそれに対して言ってやりました。「あなたはそれで恥ずかしくないのですか。」彼女はきっと恥ずかしかったのでしょう。その後、彼女は繰り返しもつけて演奏し、私に非常にうまく行ったと語ってくれました。確かに楽になってしまうのです。というのは、一回目の時はおそらく余りに緊張して、神経質な演奏になってしまうのです。しかし二回目の時は必ずよくなるのです。二回目の時はより自由になるのでクレッシェンドになるのです。私の経験では一回目の時によくて二回目の方が悪いということは決してありません。

繰り返しというものはあらゆる音楽家にとって義務です。私がピアノソナタに関して言っていることは交響曲、例えばベートーヴェンの第五番にも当てはまります。最終楽章のハ長調は繰り返さなくてはなりません。私がこう言ってもまじめに取り上げてもらえませんが、繰り返しを省略されると本当に何か盗られたような気がします。私はこの曲全体を聞きに来たのです。それでは一部分だけ私からだまし取ったことになります。

しかもオペラでもそういう省略が行なわれているのです。「椿姫」のような、本来そんなにむずかしくないものまでそうなのです。このオペラはまるでポプリ（接続曲）のようなものにされています。「椿姫」そのものについてはあまり残されていないのです。「リゴレット」も致命的とまでは言わないにしても似たような運命になっています。最も悪いのはそういう省略をすることによって作品が動きのないものになってしまうため、退屈なものになるということです。現代人の愚かさと無知の表われとして更に多くの新しいオペラハウスとコンサートホールを挙げることができます。バイロイトの祝祭劇場こそ音響的に言って理想的なのです。歌手が必要以上に緊張しなくて済むのです。ところが新しいオペラハウスはどれもこういう理想的な例を知らないような建て方です。そこから何も学び取っていないのです。なぜ全てのホールをこのように建てないのでしょう。

シュトラウスの「家庭交響曲」は特に好きな曲です。多くの魅力に満ちた作品です。しかしこの曲を指揮してみたいと思うのは余りに冒険でしょう。私はシュトラウスの「ブルレスク」を演奏したことがあります。と言っても二回だけですが。一度はゲオルゲスクと、もう一度はロシデスツヴェンスキーとでした。その後も何度か演奏したかったのですが、様々な事情から実現に至りませんでした。

一九七一年に出たシューベルトの曲を集めたレコードの中の変イ長調の即興曲・作品九十の四には全く満足していません。ハ短調のソナタはそのレコードのために後になって録音したものです。変ロ長調のソナタの録音は全体としてうまく行っていると思います。スケルツォとフィナーレが

＊ シューベルト作曲「ソナタ・ニ長調」第４楽章

よいですし、第一楽章も悪くありません。長い休止があるにも拘らず、緊張感は失われていないと思います。でもその休止は必要なのです。このソナタを演奏すると、よく仲間から訊かれます。「君はどうしてそんなにゆっくりしたテンポにしたのか。」私はモルト・モデラートどころか、もともとただのモデラートで弾いているのです。他の人はいつもアレグロ・モデラートか、ただのアレグロで弾いています。

シューベルトの作品の中で最初に演奏したのは「さすらい人幻想曲」でした。まだ学生時代でした。後にニ長調のソナタ・作品五三を演奏しました。その前にある女子学生が弾くのを聞いていたのですが、恐ろしく長くて退屈なのでどうにも我慢できなかったのです。それでこう考えました。シューベルトがあんなに退屈であるはずがない。こうして私はこのソナタを自分で演奏してみようと決心したのです。いつもそうなのですが、その時も「次のコンサートはいつですか」と訊かれましたので「二十日ほどしたら」と答えました。そしてプログラムの内容を訊かれたのに対してこうつけ加えてしまったのです。「そうですねえ。特にシューベルトを。ニ長調のソナタをやります。」それからこの曲の勉強を始めたのです。コンサートではなかなかファンタスティックな演奏になりました。

後に「幻想」ソナタ・ト長調と取り組みました。このソナタが一番好きです。ニ長調のものより好きです。それからイ短調の大ソナタ、イ短調の小ソナタ、イ長調の小ソナタ——イ長調の大ソナタは弾きたくありません——ハ短調、未完のハ長調、ロ長調、ホ短調のそれぞれのソナタ、変ロ長調の大ソナタと続きました。シューベルトのソナタは全部で十曲レパートリーの中に入っていると思います。私の知っている限り、これ等の作品をソ連に紹介したのは私です。それまではわが国では誰も演奏していません。すぐに大きな反響を引き起こしました。

一九六一年に初めてパリに登場した時、私は最初ブラームス、スクリャービン、ドビュッシー、という混合プログラムを演奏しました。二回目のコンサートはシューベルトでした。未完のソナタ・ハ長調、ハ短調の小アレグレット、第二部でロ長調のソナタを演奏しました。パリの人達はすぐにわかってくれました。パリの聴衆の反応はまるで温度計のようです。純粋に音楽的なものではありません。もっとも私はあまり音楽的な聴衆もそんなに好きではありません。例えばドイツの聴衆は音楽的な教養がいささかありすぎます。そうなるとえてして自発性というものが失われがちなものです。コンサートはもう冒険ではなくなってしまって、まるで研究会みたいなものになってしまいかねません。

多くのピアニストは知られていない作品を演奏することを嫌います。しかし私は皆が知っている曲ばかりをいつも演奏するわけにはいきません。そういうわけで「熱情ソナタ」はもう聞きたくありません。私自身何年も弾いていません。一九六〇年にニューヨークで演奏したのが最後ですが、それも非常に出来の悪いものでした。当時本当に病気だったのです。この初めてのアメリカ演奏旅行は私にとって悪いことばかりでした。この地球の反対側は、私にとって最初心理的にも地理的にも恐ろしいものでした。不安だったのですが、何が不安なのかわかりませんでした。コンサートの二日目――ハイドンのソナタとプロコフィエフでした――の前に医者が薬をくれました。一種の安定剤でした。舞台に上がって演奏を始めてみると全てが滑稽なものに思えてきたのです。不幸にして丁度このコンサートが録音されて公けになってしまいました。その後・「熱情ソナタ」をアメリカでもう一度レコードのためにスタジオで録音しました。それもあまりよい出

Sonate C-Dur, 2. Satz ＊

C.M. v. Weber

＊ヴェーバー作曲「ソナタ・ハ長調」第２楽章

来ではありません。モスクワのあるコンサートの時の「熱情ソナタ」の録音の方がずっとよいと思います。

シューベルトの「さすらい人幻想曲」は既に学生時代にノイハウス先生の下で弾いていましたが、この曲が自由に弾けるようになったのはずっと後のことでした。この曲はアカデミックな演奏をしてはいけません。他のどんな曲よりもこの曲には冒険が必要なのです。シューベルトはリストに大きな影響を与えただけではありません。私の考えでは、特にリートを通じてヴァーグナーに、中でも「ヴァルキューレ」、それに「タンホイザー」にも影響を与えたのです。

ヴェーバーのソナタの中ではただ一曲、ニ短調のものしか演奏していません。第一番(ハ長調)も何度も演奏しようと思ったのですが、今の所そこまで至っていません。変イ長調のソナタはあまり好きではありません。ホ短調のものもそうです。後者の場合、第一主題が余りにお涙頂戴の感じがすると思います。

勿論ヴェーバーのソナタも演奏されるべきです。しかし残念ながら聞く機会が余りに少いです。わがソ連にはヴェーバーのソナタを非常にうまく演奏するピアニストが何人かいます。特にハ長調とホ短調のソナタがよいです。

絵はもう何年も前に止めました。自分がいつも同じことを繰り返しているということに気がついたのです。自分にとって楽なことはうまく行くのですが、それ以上に進みません。私は退屈になりました。何かをまじめにやろうと思ったら継続しなければなりません。そのためには私には時間がなかったのです。

あるクリスマスの時、友人達とその子供を家に招待してフンパーディンクの「ヘンゼルとグレーテル」のレコードをかけました。友人の中のある女性が場面毎にロシア語で、多少ロシア的にしてナレーションを入れたのです。その時、いま何が起こっているか、誰が誰に話しかけているか等を活字にした紙をあらかじめ用意しておいたのです。ポスターのようなもので、何枚もありました。これによって友人達はオペラを見ているような印象を得たのです。こうして「ローエングリン」や「サロメ」をかけたこともあります。「ヘンゼルとグレーテル」の中で子供達が眠って天使達が出てくる場面では、電気を消してクリスマスツリーのろうそくに火をつけました。私達はクリスマスの時には必ずバッハの「クリスマス・オラトリオ」のレコードも聴いています。

私があるコンサートで自分の演奏に満足できないことがあって、終った後で自分のためにプログラムを全部もう一度演奏したなどと言われているそうですが、ナンセンスなことです。確かにコンサートの後で練習のために残っているということはよくありました。しかしそれは次の日の別のプログラムのために通して演奏してみたからなのです。つまり先程の話も伝説です。いま演奏し終ったばかりのプログラムをどうしてもう一度繰り返さなくてはならないのでしょうか。

アルバン・ベルクの室内協奏曲は好きです。非常に興味深いものがあります。必ずしも私に近いものではなく、古臭い感じもするのですが、仲々よく出来ており、たくみな技巧です。ただし、いささか学問的すぎる所もあります。私は音楽が学問に変わってしまったり、芸術が学問になったりするのは好みません。残念ながらピエール・ブーレーズや全ての新しい音楽がそうなっています。そうなると音楽は私にとってまた一つの学説になってしまいます。そんなのは嫌いです。私は音楽を通して楽しみを得たいのです。ブーレーズは正に音楽の中の楽しみに対立しています。私は新ヴィーン楽派やその後継者に反対するものではありません。私はそこに才能か天分が現われていれば、どんな芸術の方向にも賛成します。しかし私はこうでなくてはならない、他ではあり得ない等と主張するような意見にはそっぽを向きます。私は芸術の中の喜びと楽しみの味方なのです。

私はサン＝サーンスのような作曲家も嫌いではありません。その第五番のコンチェルトを演奏したことがあります。いつも第二番のト短調のものも演奏したいと思っているのですが、まだ実現に至っていません。ブラームスのニ短調のコンチェルトは演奏しませんが、好きでないからではありません。第一楽章と第二楽章は好きなのですが、第三楽章はそうでもありません。しかし全

Sonate Nr. 5 *

«Je vous appelle à la vie, ô forces mystérieuses'
Noyées dans les obscures profondeurs
De l'esprit créateur, craintives
Ebauches de vie, à vous j'apporte l'audace »*
(A. Scriabine, Le Poème de l'Extase)

*) „Ich rufe euch zum Leben, oh geheimnisvolle Kräfte!
Versunken in den finsteren Tiefen
Des Schöpfergeistes, ängstliche
Schatten des Lebens, euch bringe ich Mut."

A. Scriabin

*スクリャービン作曲「ソナタ・第5番」

おお！秘密に満ちた力よ。
私はお前達をよみがえらせる。
創造の精神の暗き深みに沈み入り，
生の気弱き影よ，私はお前達に勇気を与えてやろう。

部演奏できなくなってしまうのです。ショパンのものではコンチェルトは第二番しか演奏していません。ベートーヴェンでは第一番と第三番のコンチェルト、ピアノと管弦楽のためのロンド・変ロ長調、それに「合唱幻想曲」です。スクリャービンの第五番のソナタはもう何度も演奏しました。そしてやっと自分が求めていたものをいくらか得ることができました。つまり軽さと速さです。スクリャービンのものでは五つのソナタを演奏しています。第二番(「幻想ソナタ」)、第五番、それに第六番、七番、九番です。

リストのものではピアノ・コンチェルトを二曲とも演奏しています。しかし「死の舞踏」は一度もやっていません。この曲は嫌いです。あの「バイロンかぶれ」が気に入りません。あの「ダンテを読んで」も嫌いです。「物思いに沈む人」に至っては身の毛がよだちます。しかし「婚礼」は素晴らしいです。「ペトラルカのソネット」変イ長調は、残念ながらみな馬鹿げた演奏をしていますが、天才的で高貴な作品です。しかし「雪かき」のような作品には我慢がなりません。愚劣そのものです。「鬼火」はよいですが、やはり結局はうさん臭い所があります。しかし「愛の夢」、「夕べの調べ」はファンタスティックです。「狩」はいささかマイアベーア風ですが、よくできています。それにこの作品にはちょっと「さすらい人幻想曲」的な所もあります。

リストの「超絶技巧練習曲集」の中では、あわせて八曲演奏しています。「前奏曲」――これは言わば幕みたいなものです――幻想的な「イ短調」、「風景」、「鬼火」、「英雄」、「狩」、「ヘ短調の練習曲」、「夕べの調べ」の八曲です。あるコンサートの第一部でこの順番に演奏しました。他の練習曲は私のレパートリーの中に入っていません。例えば「マゼッパ」はオーケストラ版の方がずっとよいと思います。私は一般にリストの交響詩は好きです。特にまず第一に非常に美しい「山岳交響曲」、それに非常に天才的な作品である「オルフェウス」、更に「ハムレット」が好きです。しかしそういう曲でなくいささか劣っている「タッソ」ばかり演奏されています。私は最近リストを少々ないがしろにしてきましたが、またもっと彼へ帰って行きたいと思っています。ロ短調のソナタは実に天才的な作品です。これもまた演奏したいと思います。それに練習曲、例えば「巡礼の年」の中の私の大好きな「オーベルマンの谷」のような曲もやりたいと思います。

レーガーのコンチェルトには取りかかりましたが、今までの所まだ時間がありません。ガーシュインのコンチェルトにも関心がありますが、やはりまだ実現していません。その他ハンス・プフィツナーという作曲家も大好きです。彼の大規模なオペラ「パレストリーナ」のことはかなり正確に知っています。

コンサートの日はいつも三時間練習し、その後はちょうどその時したいと思うことをすることにしています。そして、コンサートの前に更に三十分か一時間弾きたいと思います。何より大切なことは食べすぎないことです。ほとんど準備しなかったのにコンサートがうまく行ったことが何回かあります。してはならないことをした時に限ってそうなっているのです。つまり規則なんかないんです。私のコンサート活動の一番の理想は次のようなものです。一箇月練習してその後一箇月か一箇月半ほとんど毎日コンサート用プログラムを二つだけかまたはコンチェルトを一曲を演奏し、その後また休むというものです。しかし、私の場合いつも残念ながらコンサートを持ちながら何か新しいものを練習するということになってしまいます。いつもそう義務づけられてしまうからです。しかし勿論罪は自分にあります。例えば、何かの準備期間が一箇月あっても私は最初のうちはそれはほとんどやらないで、結局最後の週になってやっと始めることになってしまうでしょう。そうなるとまたまた時間が足りなくなるのです。自分では変えようと思っているのですが、全然うまく行きません。つまりいつも私が初めてプロコフィエフのソナタ・第七番を演奏したあの時のままなのです。いつも最後の最後になってしまうのです。もしコンサートに期限がついていなかったら私は仕事にもならないでしょう。強制された気持になれませんから。しかしもしほとんど時間がない時にやらなければならないとしたら、最初から自然に最後の数日間のようになるのです。その時、私は全く違った気分になるのです。

アルフレート・ブレンデル

アルフレート・ブレンデル小伝

「私達は皆リストから出発しているのです。偉大な様式の普遍的な演奏の型を創造したのは彼です。私達の響きに対する考え方、テクニックは彼から受け継いだのです。ピアニストとしての同僚の方々もこの点を認めていただきたいし、聴衆の方々もどうか先入観は捨てていただきたいと思います。今こそリストの名誉回復の時ではないでしょうか。」このアピールはアルフレート・ブレンデルが一九六一年に書いた「誤解されているリスト」の末尾の言葉である。彼はピアニストとして既にそれまでに数枚のレコードを出しており、そういう背景の下にこのようなことを書いたのである。識者からも（そして、公平な立場の同僚からも）彼のリストに関する初期の演奏「死の舞踏」、「死のチャールダーシュ」、「呪詛」、「不運」、それに「詩的で宗教的な調べ」は、今日なお大型のリスト演奏の模範として認められている。古典派の傑作を演奏することにかけても、その能力を証明し得た者のみが優れたリスト弾きとして認められるのだという彼の信条を正当に守ったのは他ならぬブレンデル自身であった。つまり彼は既に若い頃一度ベートーヴェンの全ピアノ作品をレコードに残していたのである。その中にはソナタだけでなく全ての変奏曲、バガテル、その他の小品、コンチェルト、それにロンド・変ロ長調、合唱幻想曲があった。その後ベートーヴェンの全ソナタ、モーツァルトのコンチェルト、シューベルトの後期の作品全曲（一八二二年〜一八二八年、ドイッチュ番号で七六〇番から九六〇番）のような非常に重要な新しい連続演奏による録音も行なわれていた。

アルフレート・ブレンデルは一九三一年一月五日に生まれた。オーストリア、ドイツ、イタリア、チェコの血の混った家系である。十六才までザグレブとグラーツでピアノ、作曲、指揮を習った。パウル・バウムガルトナーの指導を受けたこともあるし、エドゥアルト・シュトイアーマンの講習会に参加したこともある。特にエドウィン・フィッシャーの講習会が彼のピアノ修業時代の最後であった。一九四九年にはブゾーニ・コンクールで賞を得た。これ以降ブルンデルの演奏は次第に、ヨーロッパ、南北アメリカ、オーストラリア、ニュージーランド、アフリカ、近東などの至る所で聞かれるようになった。一九七二年にヴィーンからロンドンに居を移したが、ブレンデルは今日あらゆる重要なフェスティヴァルから盛んに招待を受けており、優れたオーケストラ、指揮者との共演も多い。講習会の講師としての活動もしている。その他ブレンデルは時折音楽の分野での一定のテーマまたは人物に関する自分の考えを書物の形で世に問うている。

一九七六年に彼は「音楽についての省察」というタイトルの大部な著作集を英語で、翌一九七七年にドイツ語で（ピーパー社）出版して大いに注目された。その中に「エドウィン・フィッシャーについての補説」という項があるが、彼はそこで彼独自の芸術的信条を次のように規定している。「私達はフィッシャーから技術と魔術の違いを学ぶことができたのです。正しいことは能力のある人なら達成できます。しかし聴衆を自分の個性の呪縛の中へ引き込むことは大胆さがないとできないのです。」

アルフレート・ブレンデルは語る

　私はこれまでに三十年以上にわたってコンサート活動をして来ました。しかし、幸いなことにずっとフル回転でここまで来たわけではありません。自分自身についても、こういう変った職業についてもいろいろ知識を広める時間はありました。コンサートのある日は大体午前十時から午後一時まで練習します。大抵全プログラムをやります。その際、本番通りの力と緊張度を込めて弾きます。ピアノとホールの具合を知りたいからです。もっとも空のホールで判断できる限りではありますが。午後はベットに横になって数時間休みます。こんなことをするのはコンサートのある日だけですが、騒音にじゃまされない限りすぐに眠れます。睡眠法として初歩の自己暗示を知っています。私の知っている方法は世界観とか宗教とか神秘主義の傾向のあるものではなく、理性的な熟考に限られたものですから分りやすいのです。

　充分休息を取った後、コンサートの前にバタつきトーストを少し食べ、ミルク入り紅茶を飲みます。普通コンサートの直前に少なくとももう三十分ウォーミングアップします。できるだけ楽器の前にいた状態から直接舞台に行くようにしたいのです。その際その練習用の楽器が特に良いものであるかどうかは大した問題ではありません。そんなにひどいピアノでさえなければ、充分役に立ちます。この時はプログラムの中のある箇所を練習します。この時点ではもう私は燕尾服を着ています。

オーケストラとの共演の時は通常二回のプローベをお願いしています。特にモーツァルトのコンチェルトの時はそうです。他の作品、例えばシェーンベルクのコンチェルトのような時は勿論もっと時間を要します。ゲネプロの後、約一時間ホールに残ります。カデンツァを通して弾いてみるためと、調律師の手を借りてピアノの音程をチェックするためです。晩も同じことです。いくらか早目に来て舞台のうしろでウォーミングアップします。

私の場合一九六〇年代に大きな変化がありました。コンサート活動が急に増えたからです。私は当時レコードを通じて少くともドイツではある種の評判を得ていました。もっともドイツでもレコードの売れ行きそのものは悪かったのですが。私がよりよい演奏をしたのか、人々に違う印象を与えたのか、それとも私の名声が段々上って来たために聴衆が私に違う反応をするようになったのか、それはにわかには判断できません。いずれにせよ突如として、まるで爆発するように急に国際的な名声を得たのです。大きな喜びでしたし、一時的に程良い疲れを感じました。仕事が少なかった頃に比べて今の方が健康的にずっとよい状態です。

一年に平均して何回コンサートを開くかは特にプログラムと関係があります。ベートーヴェンのソナタ全曲とかシューベルトの後期のピアノ曲の連続演奏をしている時は、どうしても時間が必要ですから、それだけコンサートの数は少なくなります。一年に八十回から百回というコンサートの数は将来減らしたいと思っています。これまで以上にもっと勉強のために時間を割きたいのです。

ある作品を新たにレパートリーの中に入れようと思う時には、既に大抵の場合その曲に対してかなり正確なイメージを持っています。譜面を持ったらすぐに楽器に向います。ピアノにも発見の手助けをさせるためです。つまり音楽的な感情と運動神経との両方に同時に火をつけるためです。この発見をできるだけ正確に維持したいと努めています。勿論後になって多くのことを訂正しなければならないこともありますし、残念ながらある箇所は破棄しなければならないということもありますが。

解決済みの問題でもやはり何度も何度も問うてみる必要があります。本来解決そのものが既に新しい問題を生むのです。解決といっても穴だらけで、それから次の新しい解決を求める過程が始まるのです。傑作というものは力の根源です。それはいつも新しい考え方、新しい真実を私達に仲介してくれます。例えそれが一つの完全な真実ではないにしても。

家にいる時は最高六時間練習しますが、それより少ないこともしばしばあります。大体午前十時から午後五時までの間で、短い昼休みも取ります。そのうちピアノに向っての練習は三〜四時間に限っています。その他出典を調べたり、テープやレコードを聞いたりします。考えることも必要です。特に昼食前の仕事が有意義です。

私の初めてのピアノ・コンサートは一九四八年、十七才の時にグラーツで開きました。プログラムには「ピアノ曲の中のフーガ」という題がついていました。つまり特にフーガを持つピアノ曲だけを集めたものでした。私は神童ではありませんでした。親の家には音楽的な刺戟はありませんでしたので、いろいろなものを自分で見つけ出すことには慣れていました。継続的に先生に習ったのは十六才まででした。その後は自分だけでやって来ました。指揮者や歌手の話も好んで聞きましたし、オペラや新音楽も聞きました。子供の時まずザグレブでマックス・パウアーの弟子である女性から習いました。この先生はフィンガー・テクニックの点で大変古いやり方で私の指の力を非常に強くしてくれましたが、今でもこの先生に大いに感謝しています。先生は特に両端の指、特に第五指を強く支えさせました。先生の許をはなれた頃はかなり硬直したようになっ

ていましたが、次にグラーツで習ったシュターヴェンハーゲンの弟子という女性の先生が私に注意をして下さったので、しばらく後に又楽になりました。ザグレブではハノンの練習曲、それにピシュナーとチェルニーを少々弾きましたが、過度にはやりませんでした。後に技術的な練習は止めてしまい、今では全然やっていません。もう長いこと経ちます。しかし言わゆる巨匠達の曲は既に充分に弾いていました。特にリストの作品はそうです。それも技術的な関心からではなく音楽的な関心からなのだということを強調しておきたいと思います。二人目の先生からは音楽的には特に強い影響は受けませんでした。こう言っても決して失礼な意味ではありません。この先生は私に害を与えなかったのです。でもそれだけでも恐らく大抵の先生についての評価以上のものではないでしょうか。先生は当時私が住んでいたグラーツの「世界に目を見開く会」の会員でした。先生のそういう一地域を越えてものを考えるという生き方は後の私の生活様式にも少々影響を与えました。

これ等の先生方のお蔭でエドウィン・フィッシャーに習うことになり、合わせて三回、ルツェルンの夏期講習会に参加しました。これは時間的には大したものではありませんが、受けた印象は消し難いものでした。その時の印象は彼のコンサートやレコードの印象と合わせて今でも生き生きと残っています。エドウィン・フィッシャーによるバッハの「平均律クラヴィーア曲集」全曲録音の中の十曲か十二曲は私にとって常に時間を超えたピアノ演奏そのものという意味を持っています。それにヘ短調のコンチェルトの緩徐楽章にはいつも新しい気持で魅入られてしまいます。ここの所はどんなに長い時間かけて分析してみてもやはり驚きを失うことはないでしょう。

教える際にフィッシャーはまず何よりも集中度の高い演奏をする方法、実際に全身全霊をこめて事に当り、しかも不要な緊張を解く方法を例を挙げて示しました。彼は理想としての集中性を教えたのです。つまり硬直とかけいれんが起こらない範囲での集中力なのです。私にとって特にフィッシャーの名前と結びつく作品というものがあります。ベートーヴェンの変ホ長調のコンチェルト、またはト長調のコンチェルトの緩徐楽章です。シューマンの幻想曲も講習会の時に壮大な演奏をしてくれました。第一楽章と第三楽章は忘れられません。彼が第二楽章のコーダの跳躍をどのようにしてマスターしたのか、今ではもう私には言えません。当時もそうでしたが、今の私にもそんなことはどうでもよいことです。フィッシャーは技術的にも独特のものを持っていました。ポリフォニックな演奏、カンタービレ風の演奏だけでなくブラヴーラ的な軽快さの点でもそうでした。三十年代の録音をいくつか聞いていただければ分ると思いますが、シューベルトの即興曲・作品九〇の第二と第四を技術的に彼ほどエレガントに演奏している人が他にいるでしょうか。

a）テンポの指示はバッハによる。
b）この素晴らしいラルゴを演奏する上でのむずかしさは，一つひとつのメロディーの線を，その最初から休符まで一つのスラーで一気に歌わせる，その技術にある。バスは軽くスタッカートする。この作品は昔の演奏法では次のようなものであったと思われる。

今日では通奏低音の和音をソロ声部に移してもよい。例えば：

(J. S. Bach: Konzert f-Moll, hrsg. von Edw. Fischer)

彼はもともと強い神経的な不安を病んでいた人なのです。よく知られているようにある種の神経的な体験というものは記憶の中に残りがちなものです。そして自分が何をしたいのかが分っており、しかもそのための技術がある時でさえ、時によってはその演奏のための落ちついた気持、確信が曇らされることがあるのです。一九四九年に私が初めてフィッシャーの所へ行った時、彼は私をまだ作曲家扱いしました。しめくくりのコンサートでも自分の作曲したものを演奏させられました。一九五〇年からやっと私をピアニストとして認めてくれるようになりました。彼の許では、ベートーヴェンの「熱情ソナタ」と五つのピアノ・コンチェルト、それにモーツァルトのイ短調のソナタも習いました。これが私にとってモーツァルトの世界へ入る入口でした。それはまだ「ボタンの穴」ほどのものでしたが。リストのロ短調のソナタもフィッシャーの前で弾きました。彼はこの曲を賞賛して、その美しさを教えてくれました。そういう偉大なロマン派の作品の場合、彼はよくユージン・ダルバートのピアノ演奏のことを引き合いに出しました。「ダルバートはこういう風に弾いていたよ」と尊敬をこめて言いながら弾いてみせてくれました。

フィッシャーは教える時に、こういう響きを出したかったらこうするというような説明はしませんでした。彼は弾いてみせたのです。それがまた何という響きだったことでしょう。技術上の決まったやり方というものは彼にはなかったのです。どの道作品というものはどれも新しい課題を持っているものであり、技術上の新しい解決方法が要求されるものなのです。私自身、椅子の高さはこれ位にして、手はこのように置いてなどと正確に教えるような先生は信用しません。自分では中位の高さで坐っていると思っていますが、速くて力強いオクターヴの進行があるような作品の時にはいくらか高めにします。

フィッシャーの他に、短い期間でしたがパウル・バウムガルトナー、エドゥアルト・シュトイアーマンにも習い、有益な刺戟を受けました。当時そしてその後も含めて聴いた音楽家の中ではフルトヴェングラーが飛びぬけた存在でした。もし私が音楽の上で尺度となるようなものを持っているとすれば、それはレコードの上でもなお新鮮さを失なわない彼のいくつかの最高の演奏によるものです。ベートーヴェンの印象は格別です。しかし私にとってそれに劣らず重要なのはブッシュ弦楽四重奏団の古い録音です。私の音楽上の発展にクレンペラーの簡潔な演奏も一時期影響を与えたことがありました。コルトーのピアノ演奏の印象も大きなものでした。彼の比較的古いレコードには人を魅了するものがありますし、今日なお初めて聴いた日のような興奮をおぼえます。ヴィルヘルム・ケンプのいくつかのコンサートも大きな思い出です。彼が抜群のリスト弾きだったことを今日知る人は少ないでしょう。実に伝説的なレコードがいくつかあります。「伝説」の古い方の録音、それに「巡礼の年」からの数曲です。更に八十才近くなってケンプは私達に「婚礼」の録音というプレゼントをくれました。正に脱帽すべきものです。これらのピアニスト達はみな――フィッシャー、コルトー、ケンプ――響きの美しさ、詩的な色彩を持っていました。今日ではほとんど聞かれないものです。ここでシュナーベルのことも述べておくべきでしょう。コンサートホールでの彼のことは知りませんが、私はその録音、著作を通じてしばしば彼と関わり合いを持ちました。私が名を挙げたピアニストは皆いずれも優れた室内楽演奏者でもあります。私自身は室内楽を演奏するのは比較的少なかったのですが、モーツァルトのコンチェルトを室内オーケストラと共演するのはそれに非常に近いと言えるでしょう。その点では私にも長年の実績があります。リートのパートナーとして以前は一時期ヘルマン・プライと、今ではディートリヒ・フィッシャー＝ディースカウとの共演で経験を積んで来ました。シューベルトのリートほど好きなものは他にないと言ってよいでしょう。

シューマンとショパンは素晴らしくかつ独創的な作曲家です。初期のシューマンとほぼ全期にわたるショパンは完全にピアノに集中していました。それ故おそらく彼等はピアノの響きに対して特別の関係を持っていたのです。リストの場合は違っていました。彼は確かにかなり遅くなってからオーケストラのための作品を書き始めたのですが、既に非常に若い頃ベルリオーズの「幻想交響曲」をピアノ用に編曲しているのです。この作品は彼にとってオーケストラの極めて多面的な色彩を自分のものにする作品だったのです。

私は将来シューマンをもっと定期的に演奏するつもりです。ショパンの作品はたくさん勉強しましたが、もう長いこと演奏していません。彼に食いつくされてしまうのではないかと不安なのです。私にとって現代的なピアノ演奏への発展の大道は、ショパンやシューマンから発しているのではありません。それはむしろシューベルトとリストを経て今世紀に通じて来ているのです。フランスやロシアのピアノ音楽はずっと以前からないがしろにしてきました。しかしそれに感動しないからではありません。それなしでも生きて行けるという印象を持っているからなのです。私にとってはリストより少し若い世代の人々はあまり重要でないのですが、それは私に比較的近い感じのするリストの個性によるものでしょう。つまりセザール・フランク、サン＝サーンス、スクリャービン、ラフマニノフ、更にはドビュッシーとラベルも、もしリストがいなかったらブゾーニも言っている通りその泉は流れ出すことがなかっただろうと思うのです。私は実際に私が必要とする音楽とのみいつもかかわっています。私は、音楽とはそこに居れば落ちつきが感じられるようなものだ等とぜいたくなことは言いたくありません。そもそもそういう、反論を許さないようなことを主張してよいものかどうかも知りません。しかしある人には到達できるが、別の人にはその課題となるような、そういう一種の相互作用がいつもあるのです。

私がこれまでかかわってきた作曲家達とはこれからもおそらくかかわり続けるでしょう。ベートーヴェンの連続演奏もある間隔を置いて、例えば五年毎にやるつもりです。一九八二年から八三年にかけて彼のソナタの連続演奏を予定しています。それが私の責任です。聴衆がそれを必要としているかどうかは分りませんが、私にとって必要なのです。その後、再びシューベルトの連続演奏にもどるつもりです。以前よりは一連のモーツァルトのコンチェルトの演奏もおそらく多くなるでしょうが、全部というわけには行きません。そこまでは私の記憶力がついて行けません。しかし、優れた室内オーケストラとの共演にめぐまれれば、いくつかやりたいと思います。その他これから私の音楽地図の中の様々な空白も埋めて行きたいと思っています。まず何よりもハイドンのソナタの中で特に重要なものを十二曲ばかり考えていますが、コンサートでもレコード録音でも徹底的にやるつもりです。もっともっと壮大な音楽が発見されることになるでしょう。バッハに関してもいくつか計画しています。

私が最新の音楽を演奏しないとそれを嫌っているように結論づけられてしまいますが、それは間違いです。私は今日作曲されているものに非常に関心を持っています。私は自分の好みからすれば徹底して前衛的なのです。つまり私が新音楽を口にする時は真の新しい音楽のことを考えているのであって、もう世の中に知られているようなものではないのです。

特に閃きのある頭脳、驚くべき記憶力、何かを読み取るに当っての並はずれた能力、そういうもの全てがそろっていたら、おそらく私が現在できるものよりはるかに多くの音楽をレパートリーの中に入れることができるでしょう。何等かの新しい作品に関して、その曲のあるべき姿で演奏するためには、ほとんど完全にその曲の専門家にならなければならないのです。私は新しいもので狭い範囲のレパートリーを演奏するか、それとも比較的古いもので広い範囲のレパートリーを演奏するか、決断しなければならなかったのです。しかし自分の決断を悔いはしませんでした。この点私は新音楽には何の関係も持とうとしないような仲間は理解できません。私は若いピアニスト達が自分の時代の音楽を避けて通らないよう期待しています。私が一九五〇年代にシェーンベルクのピアノ・コンチェルトを演奏し始めた時、これは新しい作品でした。特に戦後の中部ヨーロッパの状況の中ではそうでした。私はそれ以来他の誰よりも数多くこの曲を演奏したと思っています。シェーンベルクは私にとって二十世紀の偉大な作曲家であり、古い音楽を理解する鍵ともなる人物だったのです。彼こそ他の誰よりもこれまでの音楽をより深く分析できた人であり、音楽がこれまで辿ってきた発展を理解する上でも重要な人物なのです。

私は今まで多くのレコードを作ってきました。その過程にもある程度慣れました。レコード録音に対する考え方も時と共に変わって来ました。以前はレコードというものは全く別物だ、結果だけが問題なのだと自分に言い聞かせていました。それに対して今日ではむしろコンサートの通りに演奏しています。ただ全てを訂正なしで通して演奏するということに固執はしませんが。それに固執するのは録音技術の可能性を過少評価し、冒険の価値を過大評価することになると思うのです。私は自分のコンサートの録音テープをたくさん集めています。それが自己分析の主要な材料になっています。幸い放送局は喜んで録音してくれますし、勿論全てではありませんが、そのうちのいくつかは私にとってレコードよりも好きなものです。私はもっとコンサート録音がレコードの形で刊行されたらよいと思います。誰かの咳が入っているとか、何か音が混じっている等ということは関係ありません。そういうレコードとしては一九七六年にロンドンで「ディアベリ変奏曲」を演奏してフィリップスから出たものが最初です。

私もやはり作品のオリジナル・テキスト、つまり作曲者自身が書いたものか、或は作曲者が出版を認めたものを知ることが最も大切だと考えているピアニストの一人です。そこにある情報を基にして何を始めるかが問題なのです。楽譜というものに生命を与えなければならないのですが、かと言ってそれを自由に、「個人的に」変えてよいという意味ではありません。作曲家は大抵の場合、その記号に関して間違わないものです（特にベートーヴェンの場合はそうです）。演奏家にとってそういう記号の生きた意味を導き出すことの方が気ままにすることよりもずっと骨の折れる仕事なのです。同時に細かなことにこだわりすぎる危険も避けなければなりません。例えばいくつかの音符を両方の手に分割したり、オリジナルな指使いの通りにするということを何か神聖なことのように考える姿勢は、私にはこだわりすぎに思えます。作曲家は演奏上の提案をしているのです。この提案をいつも絶対的な命令と誤解するのは私には奇怪な感じがするのです。まるで演奏者の肉体構造は誰も彼も同じだとか、楽器の響きと演奏法はモーツァルトやベートーヴェン以来まったく変わっていないとか、古典派の作曲家はまず第一に声部進行を記譜したのではないとか、そんな感じを受けてしまうのです。古典派の作曲家は、声部進行をできるだけ容易にたどり得るように記譜したのです。演奏上のことは二の次に考えられていたのです。それはベートーヴェンのピアノ連弾曲・作品一三四「大フーガ」の彼自身による編曲に最もはっきりと現われています。右側の演奏者の分が第一、第二ヴァイオリンに、左側の演奏者の分がヴィオラとチェロに割り当てられています。これでは声部が交叉する所ではそのままでは演奏不能になる所があります。そういう箇所はアレンジして初めて演奏できるようになります。目かくしして坐って聴いている作曲家にとっては、鼻で演奏されようと足で演奏されようと構わないわけです。作曲者にとって大切なことは自分が書いた音楽にふさわしい響きのイメージがそこで実現されているかどうかなのです。ブラームスのコンチェルト・ニ短調の第一楽章のオクターヴのトリラーを例に取りましょう。ここで問題なのは手の大きさではありません。ピアノがいかに輝やかしい響きを

出すかです。このトリラーはこの箇所のパニックに打ち勝つために充分な程ギラギラに輝いて、実際にオーケストラをもしのぐ勢いを示さなければならないのです。何よりも大切なことは一つの箇所が何を表現しているかということです。それ故、私は手は大きいのですが、ビューローがアレンジしたのと似たようなやり方で演奏するようになりました。ブラームスのことをよく知っており、ブラームスの指導の下に演奏したことのあるビューローがこの箇所にはアレンジが必要だと考えたということを重視したいのです（三十九頁の譜例参照）。

　ベートーヴェンのソナタ「ワルトシュタイン」のフィナーレのピアニッシモでのグリッサンドのオクターヴは今日のように弱音装置のないピ

アノではそのままの意味では演奏できないものですが、この場合何よりもさらりとした雰囲気が大切だと思うのです。このグリッサンドをメゾ・フォルテで弾いたり、テンポを半分にしてオクターヴを手の関節を使って演奏したりしたら、作曲者はそこから何が得られるというのでしょうか。そんなものは間違った敬虔さというものでしょう。つまり、私はこの箇所は両手に分割して両手の音階の上方のオクターヴは抜いて演奏する方が好きです。私には影のようなものの方がより大切なのです。

そういうアレンジをすると精神的な緊張関係が失なわれると言われることがありますが、それに関して言えば「ハンマークラヴィーア・ソナタ」の冒頭の所を左手で低音のBを弾いて右手で和音を弾くと、左手だけで弾いた時ほど緊張感が大きくならないとなぜ言うのか、私には分りません。つまりそう言う人には、この箇所では音楽的な緊張感が求められているのであって、跳躍感が達成されていようがいまいが、その緊張感そのものには左右されないという意識がはたらいているのではないでしょうか。つけ加えておかねばなりませんが、私もこの箇所を数年間は字義通りに受け取って来ました。つまり横着さからそこを編曲するようになったのではありません。チェルニーの証言によるとベートーヴェンはこの所に非常に速い、火の出るようなテンポを要求したということですが、それならどの道左手による跳躍なんて馬鹿げた話です。現代的なシュタインウェイのピアノが有無を言わさず要求するようなアレンジもあります。私が「熱情ソナタ」を演奏する時、最初のフォルテのパッセージは多くの新しいピアノでは両手で弾いた方がより輪郭のはっきりした演奏ができます。もしオリジナルに合わせて片手で演奏したら、この箇所の落ちつき、緊張度の高さが損なわれます。私の関心は音楽的に忠実であることであって、記号の字義的な正確さではありません。そうすることが、リストのラプソディーでもない限り、楽譜が暗示している通りの響きを出すことになるのです。というのは一般にある種のリストの作品は、例え要求されていなくても割合自由な適応を許すものなのです。それからモーツァルトの後期のコンチェルトの場合も楽譜通りというわけに行きません。それ等のコンチェルトの場合は、印刷されていない所を演奏したり装飾をつけたりしますが、モーツァルトに合ったやり方をしないとその様式に違反することになります。変ホ長調のコンチェルト・KV四八二のメヌエットを記譜されている通りに演奏するのはモーツァルトをひどく誤解することになるでしょう。

若きリストがいかにシューベルトに魅惑されていたか、至る所で知ることができます。シューベルトの響き、和声法、形式が多くの点でリストと横のつながりを持っているのです。ヴェーバーの他にシューベルトこそ最初に三段階のフォルテ（強）、三段階のピアノ（弱）を書き記した人ですし、彼はまたピアノを一つのオーケストラにまで変えた最初の人だったのです。ベートーヴェンはそういう意味のことはしていません。彼の場合、モーツァルトもそうなのですが、オーケストラはしばしばピアノに隠されています。シューベルトはそれをさらけ出しているのです。全楽器群およびその響きをピアノでもって暗示すること、「さすらい人幻想曲」で初めてやったようにオーケストラの持つ全ての力をピアノの中に呼び出してしまうというようなことは、シューベルト以前の誰もあえてしなかったことでした。そんなことはシューベルトの時代のピアノでもほとんど演奏できないものでした。シューベルトの中には極めてヴィルトゥオーゾ的な才能が眠っていたに違いありません。

シューベルトのピアノ曲について相変わらず馬鹿げた評価が聞かれます。彼はピアニスト的でないとか、ベートーヴェンが獲得したものに何一つ新しいものはつけ加えなかったというものです。私だって天から降りて来たわけではありません。既にシューマンがシューベルトのピアノ曲を非常に賞賛しています。彼のことを特にピアノ的だと感じているのです。もっとも私はシューベルトは何よりもオーケストラ的な感じがしますが。オーケストラ的な楽譜の見本として未完のハ長調のソナタ（D八四〇）、言わゆる「遺品」の第一楽章も挙げられるでしょう。ちょうどピアノによるスケッチという感じを与えるものです。

この曲がピアノによるスケッチ風だということを私は欠点だとは思いません。シューベルトの作品の中のあるものを器楽用にしたり、オーケストラ用にしたりしたら、そのまま何と魅力的なものになるだろうかと思います。リストは「さすらい人幻想曲」でそのことを徹底して理知的な方法でやりました。ピアノとオーケストラ用のこの版はオリジナルと比較していささか理知的すぎて余りに明白な響きがなくもありません。シューベルトがピアノで器楽化をしているとすれば、それはピアノが変わらなければならないということを意味します。おそらくオーケストラに欠けているものと言えばペダルでしょう。中央のソステヌート・ペダルは私はこれまでにただ一箇所、バルトークのコンチェルト第一番の緩徐楽章でしか使ったことはありません。その数小節は不明瞭になってはならない箇所です。それに比較的古い作曲家はソステヌート・ペダルのことを考えていません。右のペダルで魅了することこそ素晴らしいことなのです。私は通常の二つのペダルで手いっぱいですからソステヌート・ペダルは使いこなせません。二本で充分満足しています。しかしこの二つのペダルに関して殆んど何も決定的なことは言えないと思います。私はペダルを心にきざむことは殆んど完全に断念しました。より多く聞き入るだけです。私はその時々の楽器、そのホールになじもうと努力しています。ロンドンのフェスティヴァル・ホールの場合、ヴィーンのムジーク・フェラインザールと比べて、ほぼ同じ響きを得るためには三倍ペダルを使わなければなりません。

Unvollendete Sonate

Fr. Schubert
April 1825

＊シューベルト作曲「ソナタ・第15番」（未完）

戦争が終わってからシューベルトが大いに受け入れられるようになったことは私が体験した音楽的な喜びの中でも最大のものの一つです。勿論それに至る準備はもう早くから始まっていました。シュナーベルやエールトマンは彼等の世代の中で別々にシューベルトのソナタを演奏していた人達です。彼等は自分の確信する所を弟子達に伝えたのです。しかし戦後になって初めてある程度理解されたのです。そこから多くの若いピアニストが輩出して、シューベルトの音楽を我がものにしようと努力しました。その際まだそんなに多くの人が経験を積んでいるわけではない、つまりピアニストが比較的手垢のついていない作品と取り組むことができる、そういう作品を自分で発見できるということもおそらく一つの魅力だったのでしょう。しかし聴衆も段々とそれに加わって来て、最近ではどのシューベルト連続演奏会でも大ホールが満員になるようになりました。どうしてそうなったのかは簡単には説明できません。私は私の著作の中でシューベルトとマーラーを比べてその点について考察してみました。というのもこの二人の作曲家はほぼ同じ時期に好まれるようになったことがはっきりしているからです。その共通性を探って行くと、両方ともベートーヴェンのような完璧さを伝えるものでないことが分ります。ベートーヴェンの場合には聴衆は常に自分がどこにいるかが分り、かつ強制的に最初から最後までつながる一つの過程の中に編み込まれるのです。シューベルトとマーラーの場合には、かなり拡張した形ではありますが、古典派の諸形式が使われています。しかしそれにもかかわらず私には演奏の時の偶然性がずっと強くなっていると思えるのです。その点で、本来としては古典派の形式に反するものなのです。ちょうどハイドンがメヌエットを作曲した時に、よく言われるようにメヌエットに反するものを書いたのと同じです。ただ彼等の矛盾が今ではおかしく感じられないだけのことなのです。その音楽には受け継がれて来たものがあります。多分それは今日の生活感情に対応するものです。つまり私達は非常に多くの解決できないように見える問題、いまだかつてなかった問題を持った世界に生きているという感情です。人々は自分が森の中で道に迷っている童話の中の子供であるような感じを持っているのです。

勿論ブルックナーにも似たような現象があります。彼は既に神秘的な音響平面を持ったシューベルトの初期のソナタ（D五三七）の驚異を指摘しています。私は、恐らく間違っているでしょうが、ブルックナーは本質的に比較的ナイーヴな作曲家だったと思っています。例のシラーのナイーヴとセンティメンタル一般の区別を音楽に適用すれば、私にとってブルックナーはナイーヴなところが少々あり、シューベルトは全くない人です。私が思うにシューベルトは長い間ナイーヴだと見られすぎて来ました。ジョージ・グローヴが言った意味でシューベルトの中に純粋に無垢なものを見ようとする人々がまだいます。グローヴは百年前にシューベルトについてこう書いています。「シューベルトは利己的でも感覚的でもなく、非道徳的でもなかった。」

そういう意味で私は彼の生前のマスクが非常に示唆に富んでいると思います。エヴァ・バドゥラ＝スコダは長いこと顧られなかったあるマスクが彼の顔の鋳型だと結論しました。私はフィラデルフィアのカーティス・インスティテュートの図書館でその鋳型の一つを見ました。シューベルトの友人が彼の死後その顔をあまり感じ良く思わないで、このマスクが広がるのを抑えたらしいのです。それはそれぞれの造作の大きな顔であり、大抵のポートレートに見られるようなある種のビーダーマイヤー的な軽快さがないのです。ずっしりとして、非常にダイナミックで、非常に感覚的な顔なのです。私にはこれがむしろ彼の音楽とずっと良く合致していると思えます。

私のシューベルト理解の非常に重要なきっかけとなったのは、まずエドウィン・フィッシャーの「楽興の時」と「即興曲」のレコードを聴いたことでした。この即興曲のうちいくつかは、今日なおまず私達がピアノ演奏として想像し得るものの中で最も魅力的なものだと思います。残念ながら、彼は後年ソナタは全然演奏しませんでした。前に三楽章のイ短調のソナタ・作品一四三（D七八四）があるだけですが、その他のものは彼の時代の見解通り彼も「確かに非常に美しいが長すぎる」と思っていたのです。ソナタに関しては一九五〇年代のケンプをよく聴きました。彼がヴィーンでイ短調のソナタ・作品四二（D八四五）と変ロ長調のソナタ（D九六〇）を演奏す

Sonate a-Moll *
(1817)

Franz Schubert
(1797–1828)
Op.posth.164, D 537

Allegro, ma non troppo

* シューベルト作曲「ソナタ・イ短調」

るのを聴いたのですが、様式も大きく、オーケストラ的な色彩の演奏でした。後に更にレコードを通じて影響を受けた人にシュナーベルがいます。彼のことはその弟子の方々からもいろんなことを聞きました。おそらくどんなピアニストよりも重要だったのは「未完成」又はハ長調の大交響曲を指揮する時のフルトヴェングラーの方法でした。更に最も重要なのはおそらくリートに関する認識だったでしょう。まずあの素晴らしいロッテ・レーマンの名を挙げなければなりません。それにフィッシャー・ディースカウがいますが、彼との場合には誰よりも次のような経験をしました。彼の場合には、ピアニストはもはや歌手の伴奏者でもなければ、自分の怒りを勝手にぶつけることのできる玄関マットでもなく、一人の解放されたパートナーなのです。そして更に、ここでエリーザベト・シュヴァルツコップフとのあるレコードで独特のピアノ演奏をしているエドヴィン・フィッシャーの名をもう一度挙げないわけには行きません。

音楽上の記憶力のために何をしているかと言えば、私はまだ演奏したことのない作品を学びながらそれを養っています。その上、私は練習をしています。私は余り幸運にめぐまれるたちではないのです。それに練習が好きでもあるのです。練習することは私には機械的なだけの苦役ではありません。非常に興味深く楽しい仕事です。技術的なことはいつも第二の問題です。自分に何をなすべきかを教えてくれるのは音楽そのものなのです。物事をいつも新たに自分のものにしていかなければならないということも多分小さな利点になっているでしょう。つまり私達は何かをいつも新しく経験しているのであり、型にはまった考え方はできないのです。かねて引き出しの中にしまってあったものをただ取り出して、かつてそうであった通りに再生産を繰り返すというわけには行かないのです。

私の記憶力は視覚的なものではありません。それ以外のあらゆる手段の混合なのです。つまり響きに対する音楽的な記憶力、動きの過程による運動神経的な記憶力、論理的関連、あるいは更に心理的な面も持つ記憶力、つまり緊張と解決、雰囲気の変化を記憶しておくような記憶力、そういうものの総体なのです。私が知識として知るよりもむしろ感じ取っておきたいと思っているのは和声的なつながりです。つまり私はできるだけナイーヴでありたい、和声的なものに対して演奏の時に純粋に敏感でありたいのです。

幸いよい作品というものは非常に複雑なものです。決して完全な形では全体を見通すことはできませんし、いつも違った方向からのぞけるようにできています。皆さんはプフィッツナーに対する答としてアルバン・ベルクが書いたものをご存知でしょう。プフィッツナーがある本の中で「トロイメライ」について注目すべきことを書いていて、ベルクがそれに反論したものです。ベルクはその中で彼に、作品というものは単に天から降って湧いた「思いつき」ではなく、多くの動機的なつながり、調和、リズム的な技巧を含むものだと指摘しています。しかしこういうベルクの分析でも完全ではありません。ベルクのような人でさえある時点で全てのことを同時に紙の上に書き記すことはできないからです。しかし何かに光が当てられる時には他の何かが暗闇の中にあるということは全く正しく、必然的なことです。そして何かを光の中に浮かび上がらせたかと言って、誰かの目をくらますとか、その前に立ちふさがるという意味にはなりません。それはやはり誰かを実際に啓発することができるのです。

私は人付き合いがないわけではありません。私が他人にとけ込んで行く能力には限界がありますが、かと言って今までのところ隠者でもありません。私は人が楽しんでいるのを見るのは、音楽以外の領域の方がずっと多いのです。音楽家の中には自分と同類の人とだけ付き合う人がいますが、私は違います。そういう音楽家に反対する気持はありませんが、私はむしろ自分がいつもは関係していないような分野の人からも刺戟を受けようと努力しています。

音楽以外では、私はいつも何より文学とかかわっています。一人の時には寸暇を惜しまず読書か書きものをしています。自分の本がある所でなら、気持が落ちつきます。私の音楽上の論文に関連してここ数年特に多くの音楽書を読みました。もっともそれが主たる関心ではありませんでしたが。様々なデータ、事実、記録を教えてくれる本以外に、音楽について書かれたものの中で本当に読むに価する本は余りに少ないと思います。他の文学方面で楽しめると、気晴らしになります。特に長編小説がそうですが、思考の訓練となるものなら気楽なものでも体系的なものでもよいです。例えばエッセイでもよいですし、思想史、美学、言語学、心理学といった哲学的なものも読みます。私に物語的とエッセイ的の両方の喜びを与えてくれた本にローベルト・ムージルの「特性のない男」があります。ウルリヒはその中でエクスタシーと理性、「正確さと霊的なもの」の結合を求めているわけですが、私にも非常によく分るような気がすることがあります。

私には変ったものを集めるという趣味があります。グロテスクなグラフィック、本意でなかったユーモア、誤植などです。あるヴィーンの新聞の広告にこんなのがありました。「エリー・ナイ、存命中の女流大ピアニスト、本日ムジークフェライン大ホールに出演」(彼女は当時八十才を越えていたのです。)まがいものの絵はがきもかなり集めています。私が持っているベートーヴェンの肖像画はアロイス・コルプの非常にまじめなエッチングなのですが、しわだらけ、孔だらけの正面から見た顔で、裸の男女がその髪の毛の中にいるのです。外へ向けた足が非常に美しく、しかも男と女そのものを表わしているのです。

芸術家にもいろいろなことが言われますが、それでもこの職業はやはり比較的独立していられて、人を楽しませることをやり、人が楽しむようにやることを許されている、そういう数少ない仕事の一つだと言わざるを得ません。成功し続ける限り、その成功は自分のものです。私の言っていることは間違っているでしょうか。私はまだ自分があまり成功していなかった時にも自分でやってきました。若い人達には勿論自分が何を期待されているのか、全く判らないものです。彼等に伝えてやることもできないでしょう。驚きが余りに大きくなってしまうでしょうから。彼等はコンサートのエージェントがどんな仕事をしているのか知りませんし、自分が人間として成長することがどんなことかも知りません。レパートリーも自分で築いたものではないのです。早くに大成功を収めてしまうと、全てのことを一度にやらなければならなくなります。そんなことがうまく行くことは、めったにありません。いつもそうだったかどうかは知りませんが、若い人を余りにセンセーショナルに誉め上げたり、早くに大きなチャンスを与えすぎたりするのは、非常に危険だと思います。それでむしろ聴衆やプロモーターに提案したいのです。若い音楽家というものは、大抵の場合身を守ることを知りませんし、チャンスを逃がしたがらないものです。彼等には危険が分らないのです。回りの人達にこそ責任があります。名誉欲の強い両親、当然のこととは言え何か新しいものを発見したがり、かつ発見するとすぐに気違いじみた誉め方をする音楽評論家、更には小さな椅子にちょこんと坐った器用なだけの子供や、そもそももう活動もできないような老人を賞賛する聴衆にも責任があります。聴衆にとって子供と老人の中間は全て疑わし

いということになりがちなのです

私はリアリストでありたいと思っています。つまり自分の回りで起こっていることを見て、そこから自分自身のための鍵を引き出すような人でありたいのです。次から次へと様々な印象が押し寄せて来て、まるで精神病院で生活しているようです。歴史の経験からは、一般に自分でしたより以上のことは学べません。飢えた人達がますます増えていること、あらゆる資源の不足、環境汚染、無数の核弾頭、そういう混乱した世界に比べれば音楽は、超現代のものも含めて、いや音楽生活そのものこそ最も美しい秩序のように私には思えます。人類の未来は黒色に見えます。私は職業柄それに対抗する太陽になりたいと思います。

勿論様々な問題があります。例えば言わゆる優先順位の問題です。つまり職業としてやっていることと家族の当然の要求とを、更には何かを書き記しておきたいという欲望をもうまく調整して行く能力の問題です。勿論私達は演奏者として極度の緊張状態で生活しています。体質的にそれに耐えられなければなりません。そんなことが色々ありますが、私達は比較的自由であり得ます。勿論自分がやっていることが多くの人達に伝わるのは嬉しいものです。ただそれが誤解であってはなりません。私は聴衆が好きです。特にブラヴォーを叫んでくれて、咳をしなければ。しかし成功というものは極めてコミカルな面も持っているのです。

訳者あとがき

井本晌二

本書はいずれもドイツ・ペータース版として出版された「音楽家との対話」シリーズから、四冊(ピアニストとしては五名)分を一つにまとめたものです。五名共インタヴュアーは同じマイヤー＝ヨステン氏によっています。その結果、全て各ピアニスト毎にマイヤー＝ヨステン氏がその人の略歴を述べ、その後に対話録が続くという体裁になっています。

対話の記録とは言っても、演奏家が語った部分しか記録されていませんが、読み進めるうちにどの演奏家にも同じ質問、又は同じ内容でも違った角度からの質問がなされたことが、手に取るように分って来ます。当然のことながら、演奏家によって余りに答が違う点に驚かされますが、それと同時に、注意深く続まれると、当然あるべき答がないことにも気づかれるでしょう。他の演奏家は答えた、いやむしろ積極的に語った点に関して、ある人は例の肩をすくめたポーズで何も返事しなかったという質問を捜してみられるのも一興でしょう。

全て現役のピアニストであるだけに、中でも関心を持たれるのは、超現代ものに対する考え方、評価、態度ではないでしょうか。評価の定まっていないものに対する発言は、常にどの世界でも危険を伴い、勇気を要するものです。その点でもこの五人はかなり積極的に発言しています。

しかし、それに関して特に興味あるのはブレンデルの指摘ではないでしょうか。彼は、今や余りにポピュラーになったシューベルト——現代ものではありませんが——をこんなにまで普及させた原因の一翼は自分が担っているという自負を持っています。それだけになおさら、現在一般的になっているシューベルトに対するイメージが少々違うのではないかとブレンデルが言う時、一層の重みがあります。「未完成」でなく「グレート」、ピアノ曲でなく管弦楽曲。デスマスクの肉感性まで持ち出しての説明には、演奏家兼研究者の迫力が感じられます。そういう多面性、時代に与えるイメージが変ることもシューベルトの天才性の所以でしょうか。更にブレンデルはハイドンに対するイメージも変えつつあるようです。あの有名な、且つ一時は作曲家さえ不明確であったチェロ・コンチェルトの壮大で、時に官能的なまでの演奏があるのを聞いたりするのと考え合わせると、同じハイドンのピアノ曲との関連も又変った観点で見えて来ます。

作曲家のことをいろいろ詳細に調べて正確に把握することのむずかしさもさることながら、それを現代に生かすことこそ現役のトップの仕事でしょう。そしてそういう力を得るのは、超現代もの、生まれつつあるものとの関わりであると、これは皆口をそろえて言っています。そういう超現代ものとピアノとの関係の点で、ピアノという楽器が将来どういう形で生き続けることができるのかを巨匠達から聞くのも、本書の目的の一つではないでしょうか。

なお同じ「音楽家との対話」シリーズの中から指揮者エーリヒ・ラインスドルフの書いた「音楽を読む法」がシンフォニア社から出ています。合わせてお読みいただければ幸です。

翻訳に当って、竹内ふみ子氏から適切な御教示をいただいたことを記して感謝申し上げます。

訳者略歴
昭和44年，東京大学文学部ドイツ文学科卒業。
現在，横浜国立大学教授。

訳書
K・ベーム著「私の音楽を支えたもの」
J・J・クヴァンツ著「フルート奏法試論」共訳
J・J・クヴァンツ著「わが生涯－フルートとともに」
H・P・シュミッツ著「演奏の原理」共訳
H・P・シュミッツ著「クラシック，ロマン派のフルート奏法」
H・ノイペルト著「チェンバロを弾く人のために」
K・ヴェストファル著「天才の条件－音楽家の場合」
K・ラインスドルフ著「音楽を読む法」

ピアノを語る

著　者　バレンボイム，ポリーニ，アラウ，
　　　　リヒテル，ブレンデル
訳　者　井本晌二
発　行　1984年12月
発行者　南谷周三郎
発行所　株式会社シンフォニア
　　　　東京都中央区日本橋蛎殻町 1－30－4
　　　　TEL 03-3669-4966 FAX 03-3664-3170
　　　　〒103-0014

不良品はお取り替えいたします

音楽を読む法
エーリヒ・ラインスドルフ著 井本 晌二 訳　B 6 判 96頁

私の音楽を支えたもの
カール・ベーム著 井本 晌二 訳　B 6 判 300頁

クヴァンツ・フルート奏法試論
吉田 雅夫 監修 石原 利矩・井本 晌二 訳　B 5 判 312頁

演奏の原理
H・P・シュミッツ著 井本 晌二・滝井 敬子訳　B 5 判 76頁

チェンバロを弾く人のために
H・ノイペルト著 井本 晌二 訳　B 5 判 110頁

音楽批評
W・ブラウン著 松原 茂 訳　B 6 判 238頁

吉田雅夫・フルートと私
対談・植村 泰一　菊判 304頁

バロック音楽の装飾法
H・P・シュミッツ著 山田 貢 訳　菊倍判 142頁

指揮者とオーケストラの間
H・ディーステル著 須永 恒雄 訳　A 5 判 80頁

オーケストラの知識
T・メリッヒ著 竹内 ふみ子 訳　A 5 判 120頁

バロック音楽の演奏習慣
G・フロッチャー著 山田 貢 訳　A 5 判 184頁

大作曲家の和声
D・デ・ラ・モッテ著 滝井 敬子 訳　A 5 判 324頁

天才の条件—音楽家の場合—
クルト・ヴェストファール著 井本 晌二 訳　B 6 判 284頁

クヴァンツ・わが生涯
井本 晌二 訳　A 5 判 64頁

ヘンデル・メサイア—演奏と解釈—
エーリヒ・シュミート著 井本 晌二・竹内 ふみ子 訳　A 5 判 120頁